BELLA LINDE & VANJA SANDGREN

MEIN KLEINES
GARTENBEET
Säen, ernten, essen

Aus dem Schwedischen von
Amelie Persson

VERLAGSHAUS JACOBY ⌂ STUART

Die schwedische Originalausgabe ist 2015 unter dem Titel
lilla grönsakslandet – odla, skörda, äta bei Alfabeta Bokförlag AB, Stockholm, erschienen.
Copyright © 2015 Texte: Bella Linde und Vanja Sandgren
Copyright © 2015 Fotos: Bella Linde
Illustrationen: Gunnar Palmgren

Für die deutsche Ausgabe:
© 2016 Verlagshaus Jacoby & Stuart, Berlin
Aus dem Schwedischen von Amelie Persson
Alle Rechte vorbehalten
Printed in Latvia
ISBN 978-3-941787-54-4
www.jacobystuart.de
Unsere Trailer auf www.youtube.com/jacobystuart

WILLKOMMEN IM KLEINEN GARTENBEET

Hast du Lust, etwas anzupflanzen? Würdest du gern dein eigenes Essen anbauen? Glückwunsch! Hiermit machst du den ersten Schritt in eine Welt, in der all das möglich ist.

Das Leben eines Gärtners ist lustig, aufregend und manchmal sogar ein wenig magisch. Es ist kaum vorstellbar, dass aus einem klitzekleinen Samen oder einer knubbeligen Knolle etwas wächst, das man später essen kann. Aber es funktioniert, und du kannst das Ganze in die Hand nehmen!

Dein Beet kann ganz unterschiedlich aussehen. Ob du es im Garten anlegst, in einem Hochbeet oder in Töpfen auf dem Balkon – alles, was du dazu brauchst, sind Erde, ein paar unterschiedliche Samen, Pflänzchen und Knollen, und nicht zu vergessen Geduld. Denn die meiste Zeit heißt es: gießen, düngen, „Unkraut" jäten und abwarten. Es wird sicher auch mal passieren, dass aus einer Pflanze nichts wird. Das ist vielleicht enttäuschend, doch dann starte einfach den nächsten Versuch. Eines ist nämlich sicher: Wenn du deine erste knackige Karotte aus der Erde ziehst, eine eigene sonnengereifte Tomate erntest oder Kartoffelbrei aus selbstangebauten Kartoffeln zubereitest, dann wirst du unglaublich stolz sein und dich für deine Mühe reichlich belohnt fühlen.

Am besten liest du erst einmal die Tipps am Anfang und Ende des Buches, dann klappt es mit dem Beet bestimmt!

Inhalt

ANPFLANZEN – SO FUNKTIONIERT ES

Erde

Zum Anpflanzen brauchst du Erde. In ihr stecken Sauerstoff, Wasser und Nährstoffe, die zum Wachsen und Gedeihen von Pflanzen notwendig sind. Erde besteht aus feingemahlenem Stein und Mull. Die Steine wurden von Wetter und Wind mit der Zeit zermahlen. Humus besteht aus zersetzten Bestandteilen von Pflanzen. Er sorgt dafür, dass die Erde locker und nährstoffreich ist und gut Wasser aufnehmen kann.

Mull (Humus) = Erde- und Pflanzenbestandteile, die von Würmern, Insekten und Mikroorganismen zersetzt worden sind.

Sonne

Pflanzen brauchen Sonne, um wachsen zu können. Die meisten brauchen direktes Sonnenlicht, doch manche begnügen sich auch mit Halbschatten. Pflanzen, die zu wenig Sonne bekommen, werden hoch und instabil, weil sie sich auf der Suche nach Licht zu weit in die Höhe strecken.

Wasser

Pflanzen brauchen Wasser, sonst vertrocknen sie. Die Wurzeln nehmen die Feuchtigkeit auf und transportieren sie in die Pflanze. Gleichzeitig verteilen sie mit dem Wasser die Nährstoffe der Erde in der Pflanze. Wenn du zu viel gießt, können die Wurzeln ersticken und verrotten. Beim Gießen gilt es, ein Gefühl für das richtige Maß zu entwickeln!

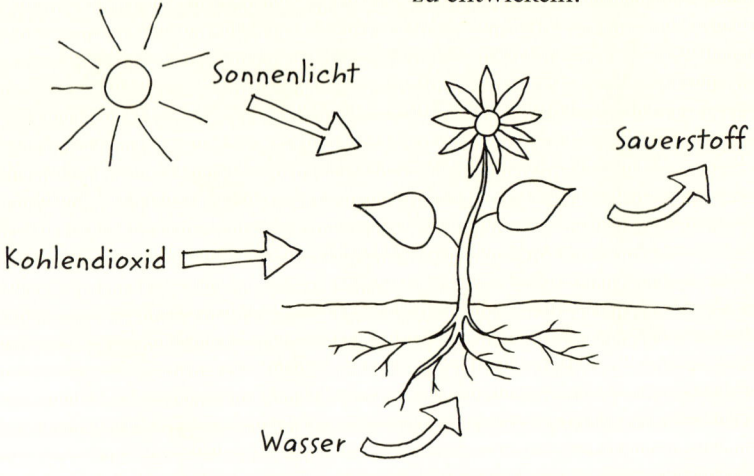

Fotosynthese

Eine Pflanze ist wie ein kleines Kraftwerk. Sie verwandelt Sonnenlicht, Wasser und Kohlendioxid in Energie, die sie zum Wachsen braucht. Zum Dank produziert sie Sauerstoff, den Menschen und Tiere zum Atmen brauchen. Dieser Vorgang nennt sich Fotosynthese.

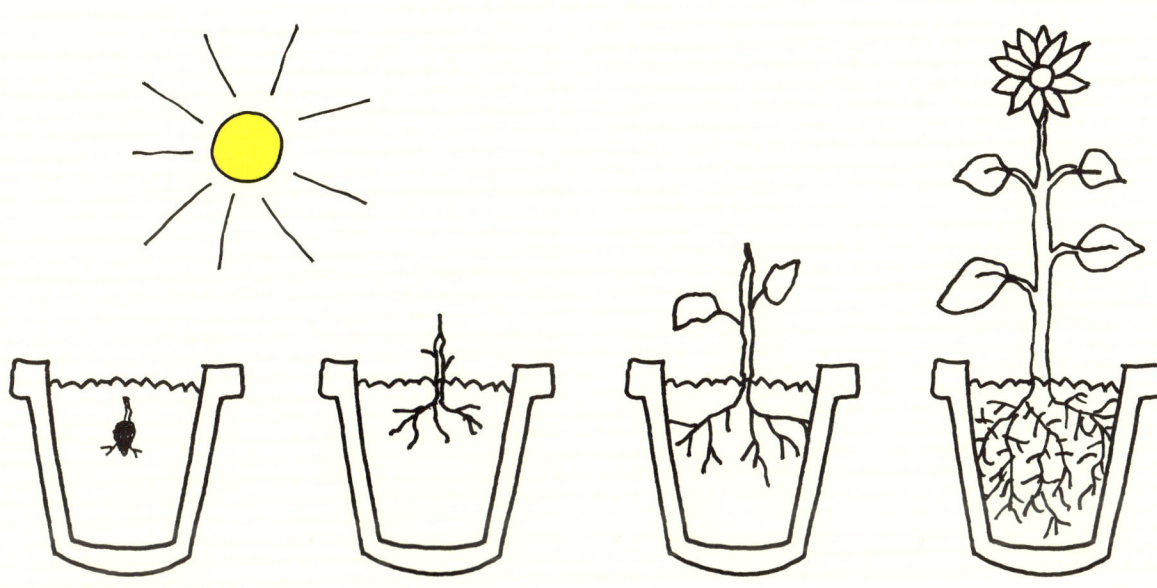

Vom Samen zur Pflanze

1. **Samen:** Ein Samen enthält die gesamte Kraft, die es braucht, um zu einer Pflanze zu werden.
2. **Keim:** Ein Samen, der in die Erde kommt, fängt an zu keimen. Feuchtigkeit und Wärme sorgen dafür, dass die Kräfte im Samen geweckt werden.
3. **Keimling:** Wenn der Samen keimt, treibt er aus und ragt aus der Erde. Der Trieb hat ein oder zwei Keimblätter, die sich dem Licht entgegenstrecken. Gleichzeitig entwickelt er Wurzeln in der Erde.
4. **Setzling:** Nach ein paar Tagen hat der Keimling richtige Blätter bekommen und wird dann als Setzling bezeichnet.
5. **Pflanze:** Wenn der Setzling mehr Blätter hat, kann er mit Hilfe von Sonnenlicht, Wasser und Kohlendioxid wachsen. Die Pflanze entwickelt sich dank der Fotosynthese.

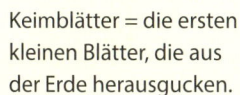

Keimblätter = die ersten kleinen Blätter, die aus der Erde herausgucken.

Gemüse oder Obst?

Manchmal ist es gar nicht so einfach zu entscheiden, ob es sich um Gemüse oder Obst handelt. Rein botanisch sind z. B. Kürbis, Zucchini, Gurken und Tomaten Obst. Denn die Früchte entstehen durch die Bestäubung einer Blüte. Dafür ist aber Rhabarber eigentlich Gemüse, und Erdbeeren sind sog. Sammelnussfrüchte, also Früchte von Nüssen.

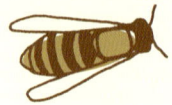

Hilf bei der Bestäubung!

Schüttle leicht an einer Pflanze, die gerade blüht. Dann löst sich Blütenstaub von den Staubgefäßen und landet mit etwas Glück auf dem Stempel. Du kannst den Blütenstaub auch mit einem kleinen Pinsel zwischen Blüten der gleichen Pflanzenart verteilen.

Von der Blüte zur Frucht zum Samen

1. Eine Pflanze, die blüht, ist bereit, Früchte zu tragen. Doch dazu muss sie befruchtet werden.
2. Viele Pflanzen haben sowohl weibliche als auch männliche Organe. Andere sind entweder nur weiblich oder nur männlich. Die männlichen Blüten haben Staubgefäße mit Blütenstaub. Die Stempel der weiblichen Blüten nehmen den Blütenstaub entgegen.
3. Wenn der Blütenstaub zum Stempel gelangt, findet die Befruchtung statt. Der Blütenstaub wird vom Wind oder mit Hilfe von Insekten, die von Blüte zu Blüte fliegen, dorthin transportiert.
4. Wenn die Befruchtung stattgefunden hat, entwickelt sich eine Frucht. Wasser, Nährstoffe, Sonnenlicht und Kohlenstoff aus dem Kohlendioxid in der Luft lassen die Frucht wachsen, bis sie reif und genießbar ist.
5. Reifes Obst oder Gemüse enthält Kerne oder Samen, die wiederum zum Säen neuer Pflanzen verwendet werden können.

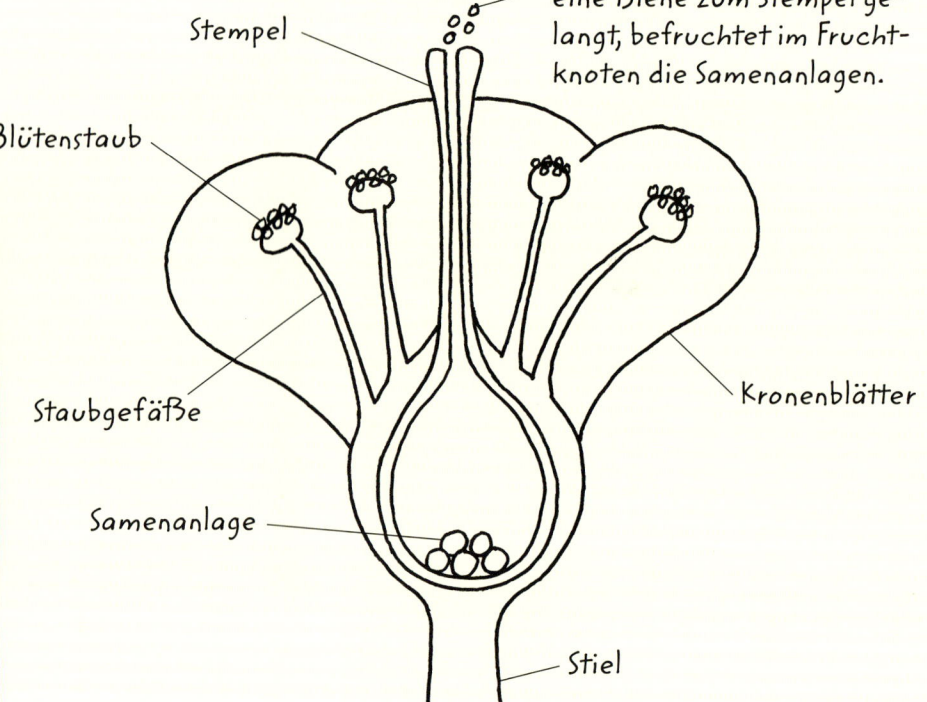

Stempel

Blütenstaub, der z. B. durch eine Biene zum Stempel gelangt, befruchtet im Fruchtknoten die Samenanlagen.

Blütenstaub

Kronenblätter

Staubgefäße

Samenanlage

Stiel

Wusstest du das?

- Einjährige Pflanzen bestehen nur eine Saison. Die meisten Gemüsearten und Sommerblumen sind einjährig und müssen jedes Jahr aufs Neue gesät werden.
- Einige Pflanzen sind zweijährig, wie z. B. Karotten und Rote Bete. Sie bilden im ersten Jahr Wurzeln und blühen im Jahr darauf. Es kommt allerdings nicht oft vor, dass man blühende Karottenpflanzen sieht, denn meist werden sie schon im ersten Jahr geerntet und die Karotten, die eigentlich „nur" die Wurzeln der Pflanze sind, verspeist, bevor die Pflanze blüht.
- Es gibt auch Pflanzen, die Jahr für Jahr wiederkommen. Das sind andauernde Pflanzen, die man umgangsprachlich auch mehrjährige Pflanzen nennt.

Samen fürs nächste Jahr sammeln – so wird's gemacht

Wenn deine Pflanzen gewachsen sind, geblüht und Früchte getragen haben, kannst du die Samen für das nächste Jahr sammeln. Sorge dafür, dass die von dir geernteten Samen richtig getrocknet sind, bevor du sie in kleine Umschläge oder Papiertütchen füllst. Beschrifte die Tütchen und bewahre sie an einem trockenen und kühlen Ort auf.

- Manche Obst- und Gemüsesorten wie Tomaten, Kürbisse, Bohnen, Erbsen und Mais tragen ihre Samen in der Frucht. Um sie zu ernten, musst du die Samen aus dem Inneren der reifen Frucht entfernen, sie abspülen und etwa eine Woche auf einer ausgebreiteten Zeitung trocknen lassen.
- Bei einigen Pflanzen kannst du die Samen von den Blüten sammeln, wenn diese verblüht sind. Wenn die Samen so reif sind, dass sie fast abfallen, ist es Zeit, sie zu ernten. Stülp eine kleine Tüte über die Blüte und knips sie mit den Fingern vom Stiel ab. So landen die Samen in der Tüte. Einige Pflanzen, wie z. B. Karotten und Rote Bete, blühen erst im zweiten Jahr. Lass eine Pflanze von jeder Sorte den Winter über in deinem Beet stehen, dann blühen sie im Sommer und bilden Samen, die du einsammeln kannst.

DICKE BOHNEN

Die dicke Bohne, auch Ackerbohne genannt, ist hart im Nehmen, was Kälte und Wind angeht. Sie wächst buschförmig und blüht schwarz-weiß oder rot. Nach der Blüte bilden sich Hülsen, in denen die Bohnen liegen. Dicke Bohnen können aus den Bohnen vom letzten Jahr gezogen werden. Du kannst sie schon zu Beginn des Frühjahrs einpflanzen. Die Bohnen schmecken lecker und enthalten viel Protein, das der Körper zum Wachsen braucht. Protein = Muskeln und ein starker Körper.

So pflanzt du dicke Bohnen an:

1. Säe direkt ins Beet. Steck die Bohnen etwa 5 cm tief in die Erde mit jeweils 15 cm Abstand zur nächsten Bohne.
2. Regelmäßig gießen.
3. Markier mit einem Holzstäbchen, wo du Bohnen gesetzt hast.
4. Wenn die ersten Keimblätter aus der Erde sprießen, brauchen die Bohnen eine Kletterhilfe. Bau ihnen ein kleines Spalier aus Ästen oder steck neben jede Pflanze eine schmale Holzstange.
5. Dünge bis Mitte Juni einmal mit Stallmist oder anderem Dünger.
6. Dicke Bohnen brauchen viel Wasser. Sorge dafür, dass die Erde immer feucht ist. Und achte beim Gießen darauf, das Wasser direkt auf die Erde zu geben, nicht auf die Pflanze.
7. Wenn die Bohnen geblüht haben, beginnen die Schoten, sich zu entwickeln. Knips die neuen Triebe der Pflanze ab, dann werden die Schoten kräftiger. Wenn du die Blätter entfernst, verhinderst du, dass die Pflanze von Blattläusen befallen wird.
8. Du kannst mit der Ernte beginnen, wenn die Schoten etwa 15 cm lang sind. Dann sind die Bohnen noch klein, und du kannst die gekochten Schoten ganz essen. Wenn du noch wartest, werden die Bohnen größer und sind nur noch ohne Hülse essbar. Dazu musst du die Bohnen aus den Hülsen pulen und kochen.

Iss dicke Bohnen nie ungekocht! Sie enthalten Lektine, die Bauchschmerzen machen. Beim Kochen verschwinden sie und die Bohnen sind genießbar.

Aussaat: Mitte Mai.
Keimzeit: 5–15 Tage.
Ernte: Mitte Juli–September.

JAN · FEB · MÄRZ · APR · MAI · JUNI · JULI · AUG · SEPT · OKT · NOV · DEZ

AUSSAAT   ERNTE

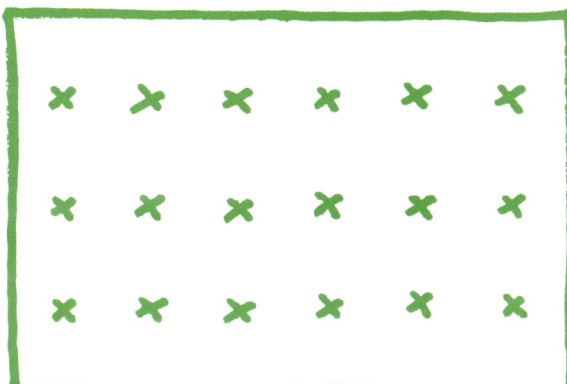

Anordnung im Hochbeet
In einem Aufsatzrahmen ist Platz für
18 Bohnenpflanzen.
*Mehr zu **Hochbeeten aus Aufsatzrahmen**
auf S. 58–59.*

Saattiefe: 5 cm.
Pflanzabstand: 15 cm.
Standort: Sonnig.
Pflege: Vor Mitte Juni düngen. Unkraut jäten.
An der Rankhilfe festbinden.
Wasser: Häufig und viel gießen.
Gute Nachbarn: Kartoffel, Gurke, Blumenkohl, Weiß-
kohl, Kräuter, Dill, Spinat.
Feinde: Blattläuse.

Auf dem Balkon!
Dicke Bohnen können auch im Topf auf dem
Balkon gezogen werden. Der Topf muss nicht
allzu groß sein, es reicht eine Höhe von 20 cm.
Dicke Bohnen mögen Sonne oder Halbschatten.
Die Erde darf nicht austrocknen.

20 cm

REZEPT

IN BUTTER GESCHWENKTE DICKE BOHNEN

4 Portionen

500 g frische dicke Bohnen
1 l Wasser
1 TL Salz zum Kochen
1/2 Knoblauchzehe
1 EL Butter
1 Prise Salz

1. Brich die Hülsen entzwei und pule die Bohnen aus der Hülse.
2. Bring das Wasser mit dem Teelöffel Salz in einem Topf zum Kochen. Gib die Bohnen hinein und lass sie 3 Min. kochen.
3. Nimm den Topf vorsichtig von der Platte und gieß die Bohnen durch ein Sieb ab.
4. Spül die Bohnen kurz mit kaltem Wasser ab.
5. Entfern die dünne Haut von den Bohnen.
6. Die Butter in einem Topf schmelzen.
7. Den Knoblauch mit einer Knoblauchpresse in die Butter geben und eine Prise Salz hinzufügen.
8. Gib die Bohnen in die Butter und rühre kurz um. Fertig! Dieses Rezept ist ganz einfach und schmeckt knackig frisch!

GRÜNKOHL

Grünkohl ist die coolste Pflanze im ganzen Beet. Sie sieht schick aus und ist leicht anzupflanzen. Und sie kann sogar noch im Winter geerntet werden! Grünkohl ist außerdem sehr gesund, enthält viel Vitamin C und Ballaststoffe für ein gutes Gefühl im Bauch.

So pflanzt du Grünkohl an:

1. Anzucht drinnen im Topf. Setz 2–3 Samen in jeden Topf, etwa 1 cm tief in die Erde.
2. Gießen und die Erde feucht halten. Benutz eine Blumenspritze und verpass der Erde vorsichtig eine kleine Dusche. Ein zu harter Wasserstrahl kann die Samen freispülen.
3. Bedeck den Topf mit Plastikfolie und mach Löcher hinein, damit es nicht zu stickig wird. Stell den Topf auf einen Untersetzer oder ein wasserfestes Tablett an einen hellen Ort. Gieß direkt in den Untersetzer oder das Tablett, dann kann die Pflanze das Wasser selbst aufsaugen. Die Erde soll immer feucht sein.
4. Nach 5–15 Tagen guckt das erste Grün heraus. Wenn die Pflänzchen groß genug sind, müssen sie umgetopft werden, jede Pflanze in einen eigenen Topf mit mehr Erde. Regelmäßig gießen.
5. Wenn die Pflanze kräftig genug ist, kann sie raus ins Beet gepflanzt werden. Nimm sie vorsichtig aus ihrem Topf und pflanz sie in eine kleine Vertiefung im Beet. Füll den verbleibenden Raum mit Erde auf und drück sie fest, damit die Pflanze stabil steht. Gießen nicht vergessen. Das ist am Anfang besonders wichtig!
6. Wenn die Blätter etwas gewachsen sind, kannst du den Grünkohl stützen, indem du um ihn herum etwas Erde verteilst.
7. Dünge mehrmals pro Saison mit Brennnesselwasser und verteil ab und zu eine etwa 10 cm dicke Schicht Rasenschnitt um die Pflanzen herum.
8. Wenn die Blätter sich voll entwickelt haben, kann mit der Ernte

*Mehr zum Thema **Anzucht** auf S. 56.*

Aussaat:
Drinnen im Topf: April.
Raus ins Beet: Juni.
Keimzeit: 5–15 Tage.
Ernte: September–Februar.

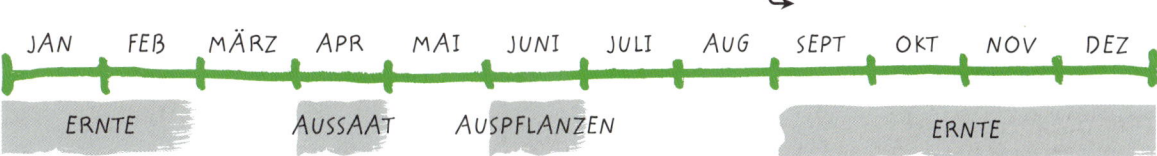

| JAN | FEB | MÄRZ | APR | MAI | JUNI | JULI | AUG | SEPT | OKT | NOV | DEZ |

ERNTE — AUSSAAT — AUSPFLANZEN — ERNTE

Auf dem Balkon!

Man kann Grün-kohl auch auf dem Balkon anpflanzen. Setz die Pflanze in einen Topf, der mind. 30 cm tief und ebenso breit ist. Fleißig gießen, denn die Erde darf nicht austrocknen.

30 cm

Mehr über das
Auspflanzen *auf S. 55.*
Mehr zu ***Brennnesselwasser***
auf S. 63.
Mehr zu ***Hochbeeten aus***
Aufsatzrahmen *auf S. 58–59.*

Anordnung im Hochbeet

In einem Aufsatzrahmen ist Platz für 2–3 Grünkohlpflanzen.

begonnen werden. Beginn von unten mit den großen Blättern und schneid sie von unten nach oben ab, Blatt für Blatt, je nachdem wie viele du brauchst. Lass den Stamm stehen. So kannst du den ganzen Winter über weiterernten.

Saattiefe: 1 cm.
Pflanzabstand: 50 cm.
Standort: Sonnig bis halbschattig.
Pflege: Mit Brennnesselwasser düngen. Beim Gießen darauf achten, das Wasser auf die Erde und nicht auf die Pflanze zu richten. Bedecke die Erde rund um die Pflanze mit Rasenschnitt. Regelmäßig Unkraut jäten.
Wasser: Am Anfang viel gießen. Wenn die Blätter größer sind, braucht der Grünkohl nicht mehr so viel Wasser, da die Blätter verhindern, dass das Wasser aus der Erde verdunstet.
Gute Nachbarn: Tagetes.
Feinde: Kohlweißling, Kohlfliege, Schnecken.

REZEPT

GESCHMORTER GRÜNKOHL

4 Portionen

4 kräftige Grünkohlblätter
1 EL Butter oder Schmalz
200 ml Sahne
$\frac{1}{2}$ TL Salz
Pfeffer

1. Wasch die Blätter. Entferne die kräftigen Stiele und schneide die Blätter in Streifen.
2. Butter in einem Topf schmelzen.
3. Gib den Grünkohl dazu und brate ihn an. Dabei umrühren, damit nichts anbrennt.
4. Die Sahne unterrühren.
5. Mit Salz und Pfeffer abschmecken.
6. Mit geschlossenem Deckel bei niedriger Temperatur 30 Min. köcheln lassen. Ab und zu umrühren, damit der Grünkohl nicht anbrennt. Schmeckt gut zu Frikadellen.

ERDBEEREN

Erdbeeren sehen schön aus und schmecken süß und saftig. Sie sind außerdem sehr gesund, weil sie Eisen und Vitamin C enthalten. Am besten munden sie frisch vom Beet gepflückt.

So pflanzt du Erdbeeren an:

1. Du brauchst vorgezogene Erdbeerpflänzchen aus dem Gartenfachmarkt oder von jemandem, der bereits Erdbeeren anpflanzt. Frage bei Freunden und Nachbarn herum.
2. Bereite im Beet Vertiefungen für die Pflanzen vor, mit etwa 40 cm Abstand zwischen jeder Pflanze. Setze die Pflanze in die Vertiefung, fülle diese mit Erde auf und klopf das Ganze fest. Anschließend gießen.
3. Verteil etwas Stroh zwischen den Erdbeerpflanzen. Dann liegen die Früchte nicht auf der Erde, wenn sie reif sind. Außerdem hält das Stroh die Erde für die Pflanzen warm und feucht.
4. Am Anfang täglich gießen.
5. Nach ein paar Wochen blühen die Erdbeerpflanzen, danach entwickeln sich bald die ersten Früchte.
6. Wenn sich die ersten Erdbeeren zeigen, musst du täglich gucken, ob neue Früchte herangereift sind. Sonst riskierst du, dass sie verderben oder ein Vogel dir zuvorkommt. Wenn du die Erdbeeren erntest, knips den Strunk mit ab, das verlängert ihre Haltbarkeit.
7. Erdbeerpflanzen tragen im zweiten und dritten Jahr am meisten Früchte. Habe also noch etwas Geduld, wenn die Ernte im ersten Jahr nicht so groß ausfällt.
8. Dünge die Erdbeeren nach der Ernte mit etwas Stallmist oder anderem Dünger, dann schöpfen die Pflanzen Kraft für das nächste Jahr. Nach der Ernte nicht mehr gießen.

Auf dem Balkon!
Du kannst Erdbeeren auch in einem Topf auf dem Balkon anpflanzen. Es reicht, wenn der Topf 20 cm tief ist.

Einpflanzen: Mitte Mai.
Ernte: Juli.

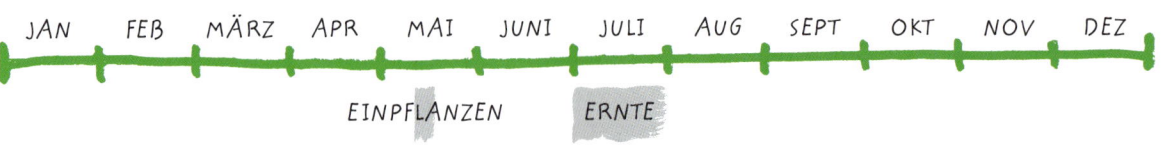

JAN FEB MÄRZ APR MAI JUNI JULI AUG SEPT OKT NOV DEZ

EINPFLANZEN   ERNTE

Anordnung im Hochbeet
In einem Aufsatzrahmen ist Platz für 6 Erdbeerpflanzen.
*Mehr zu **Hochbeeten aus Aufsatzrahmen** auf S. 58–59.*

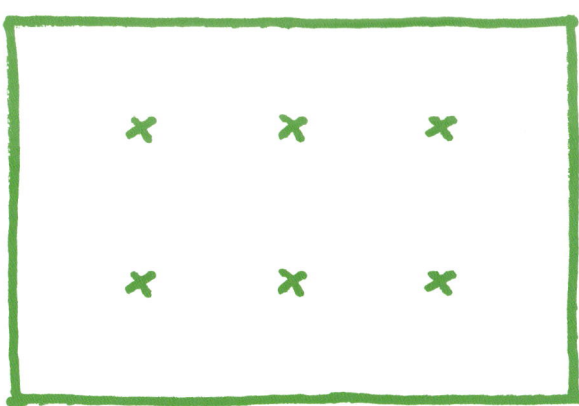

Aus einer Pflanze viele machen!
Eine Erdbeerpflanze hält drei Jahre. Aber sie verhilft dir zu neuen Pflänzchen, denn sie entwickelt Triebe, die wieder Wurzeln treiben. Im Spätsommer kannst du einige kräftige Triebe abschneiden und einpflanzen.

Einpflanzen: Achte darauf, dass die Pflanzen ordentlich ins Beet eingepflanzt sind.
Pflanzabstand: 40 cm.
Standort: Sonnig.
Pflege: Bedecke die Erde mit Rasenschnitt. Regelmäßig Unkraut jäten.
Wasser: Regelmäßig und viel gießen. Die Erde darf niemals austrocknen.
Gute Nachbarn: Zwiebeln, Tagetes.
Feinde: Vögel, Schnecken, Blattläuse.

REZEPT

ERDBEERMARMELADE (OHNE GELIERZUCKER)

1 kg Erdbeeren
500 g Zucker
1 Päckchen Vanillezucker,
wenn du magst

1. Wasch die Erdbeeren und entferne die Stiele.
2. Erdbeeren mit Zucker und Vanillezucker in einem Topf vermengen. 1 Std. ruhen lassen.
3. Mit geschlossenem Deckel bei niedriger Temperatur erwärmen. Ab und zu den Topf etwas rütteln, damit nichts am Boden festbrennt.
4. Wenn die Erdbeeren heiß sind, 10 Min. köcheln lassen. Ab und zu den Deckel heben und mit einem Holzlöffel umrühren, damit nichts anbrennt.
5. Den Topf vom Herd nehmen und etwas abkühlen lassen.
6. Schaum mit einem großen Löffel von der Oberfläche abschöpfen.
7. Gib die Marmelade in ein Glas mit Schraubverschluss. Lass sie abkühlen.
8. Die Marmelade hält im Kühlschrank einige Tage. Wenn du mehr kochst, frier am besten mehrere Portionen in Plastikbehältern ein und tau sie nach Bedarf auf.

ZWIEBELN

Die Zwiebel ist die raffinierteste Pflanze im Beet und unverzichtbar beim Kochen, denn Zwiebeln bringen den Geschmack von vielen Speisen erst zum Tragen. Noch bevor die Zwiebel erntereif ist, kannst du etwas von ihrem Grün, das aus der Erde ragt, abschneiden und in Streifen geschnitten über Kartoffeln oder Salat streuen. Zwiebeln enthalten Vitamin C und Ballaststoffe, die wichtig für die Verdauung sind.

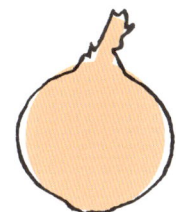

So pflanzt du Zwiebeln an:

1. Wenn die Erde etwas aufgewärmt ist und keine Frostgefahr mehr besteht, kannst du Steckzwiebeln ins Beet setzen. Die Temperatur der Erde sollte mind. 10 °C betragen.

2. Pflanze die Zwiebeln mit etwa 10 cm Abstand in die Erde. Setze die Steckzwiebeln nur so tief, dass ihre Spitzen noch über der Erde zu sehen sind. Dann drück die Erde um die Steckzwiebeln fest und gieße sie.

3. Nicht vergessen, regelmäßig zu gießen. Zwiebeln brauchen viel Wasser, sonst werden sie bitter. Besonders in heißen Sommern solltest du gut auf sie achtgeben.

4. Bereits im Juli kannst du die ersten Perlzwiebeln ernten. Zieh sie vorsichtig aus der Erde. Aber ernte nicht alle, so bleiben dir am Ende des Sommers noch größere Zwiebeln.

5. Wenn der Sommer vorbei ist, sind die Zwiebeln ausgewachsen. Das Grün welkt und färbt sich braun, es wird trocken und knickt ab. Kurz vor der Ernte mit einer Mistgabel die Zwiebeln in der Erde etwas lockern, damit die Wurzeln sich lösen. Nach ein paar Tagen die Zwiebeln einsammeln.

Einpflanzen:
Mitte Mai.
Ernte:
Juli–September.

JAN   FEB   MÄRZ   APR   MAI   JUNI   JULI   AUG   SEPT   OKT   NOV   DEZ

EINPFLANZEN   ERNTE

Auf dem Balkon!

Du kannst Zwiebeln auch auf dem Balkon anpflanzen. Der Topf muss mind. 20 cm tief sein.

*Mehr zu **Hochbeeten aus Aufsatzrahmen** auf S. 58–59.*

Anordnung im Hochbeet

In einem Aufsatzrahmen ist Platz für 36 Zwiebeln.

20 cm

Steckzwiebeln sind am einfachsten!

Du kannst Zwiebeln selbst säen, doch das dauert länger und ist mühsam, da du die Temperatur des Raumes, in dem deine Töpfe stehen, im Auge behalten musst. Einfacher geht es mit Steckzwiebeln aus dem Gartenfachmarkt.

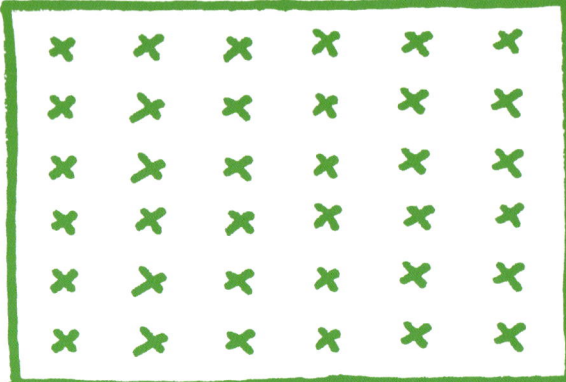

Pflanztiefe: 3–4 cm.
Pflanzabstand: 10 cm.
Standort: Sonnig.
Pflege: Mit Komposterde düngen. Unkraut jäten. Mit Brennnesselwasser berieseln, um die Zwiebelfliegen zu vertreiben.
Wasser: Regelmäßig gießen.
Gute Nachbarn: Karotten, Salat, Tomaten, Kohl, Erdbeeren.
Feinde: Zwiebelfliege.

REZEPT

ZWIEBELSUPPE

4 Portionen

4 große oder 6 kleine Zwiebeln
1 TL Butter
1 TL Zucker
1 l Wasser
1 Würfel Gemüsebrühe
2 TL Thymian
Salz und Pfeffer

1. Schäl die Zwiebeln und schneide sie in Streifen. Tipp: Wenn du sie unter fließendem Wasser schälst, treiben sie dir nicht die Tränen in die Augen.

2. Die Zwiebel etwa 5 Min. mit Butter und Zucker in einem Topf anbraten, dabei ab und zu mit einem Holzlöffel umrühren.

3. Gieß das Wasser darüber, gib den Brühwürfel und den Thymian dazu.

4. Bei geschlossenem Deckel etwa 15 Min. köcheln lassen, bis die Suppe goldbraun wird. Regelmäßig umrühren, damit nichts anbrennt.

5. Mit Salz und Pfeffer abschmecken. Zu dieser Suppe macht sich ein Schinkenbrot ganz hervorragend!

MAIS

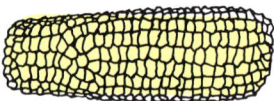

Wie ein König steht der Mais im Beet. Er ist schmackhaft und meist gelb, doch es gibt ihn auch in anderen Farben. Seine Körner wachsen auf dem Maiskolben, der geschützt von Blättern auf einem kräftigen Stängel wächst.

So wird Mais angepflanzt:

1. Anzucht im Topf drinnen. Setze zwei Samen in jeden Topf. Stecke die Samen etwa 4 cm tief in die Erde.
2. Gießen und die Erde feucht halten.
3. Stell die Töpfe auf Untersetzern auf das Fensterbrett. Gieß direkt auf die Untersetzer, dann kann die Pflanze das Wasser selbst aufsaugen. Die Erde soll immer feucht sein.
4. Nach etwa zwei Wochen taucht der erste grüne Spross auf. Wenn es zwei sind, entferne den kleineren, so dass nur der kräftigere übrig ist.
5. Wenn die Pflanze etwas größer geworden ist, muss sie in einen Topf mit mehr Erde gepflanzt werden, wo sie weiterwachsen kann.
6. Wenn die Erde wärmer und die Frostgefahr vorüber ist, kann die Maispflanze ins Beet gepflanzt werden. Die Blüten werden vom Wind befruchtet, deshalb sollten die Pflanzen nah beieinander in einem Viereck gepflanzt werden.
7. Kipp die Pflanzen aus ihren Töpfen und pflanze sie mit 20–30 cm Abstand in vorbereitete Vertiefungen im Beet. Füll diese mit Erde auf und klopf das Ganze fest, damit die Pflanzen stabil stehen. Anschließend gießen.
8. Regelmäßig und viel gießen, besonders in heißen trockenen Sommern.
9. Wenn die Pflanze etwa 30 cm hoch ist, wird es Zeit, sie mit einer 10 cm dicken Schicht Komposterde zu düngen. Bedecke die

↪

Mais ist in vielen Ländern ein Grundnahrungsmittel so wie bei uns die Kartoffel.

Aussaat:
Drinnen im Topf: Mai.
Raus ins Beet: Juni.
Keimzeit: 6–10 Tage.
Ernte:
August–September.

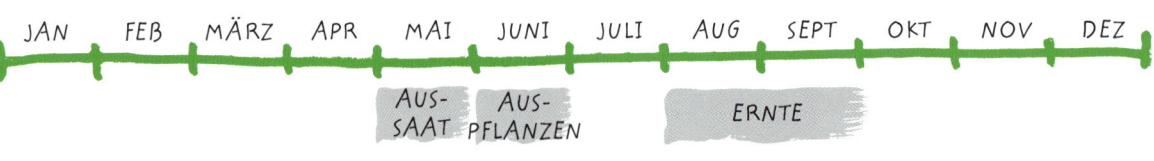

JAN   FEB   MÄRZ   APR   MAI   JUNI   JULI   AUG   SEPT   OKT   NOV   DEZ

AUS-SAAT   AUS-PFLANZEN   ERNTE

Erde um den Mais herum auch mehrmals pro Saison mit frischem Rasenschnitt.

10. Manchmal braucht der Mais eine Stütze, damit er nicht umkippt. Schütte Erde um den Stängel auf, das stabilisiert die Pflanze.

11. Die männlichen Blüten werden am oberen Teil der Pflanze gebildet, die weiblichen Blüten etwas tiefer am Stängel. Hilf der Pflanze bei der Bestäubung, indem du sie leicht schüttelst, so gelangt der Blütenstaub von den männlichen zu den weiblichen Blüten.

12. Nach der Befruchtung entwickeln sich von Blättern umgebene Kolben. Wenn die seidigen Fäden, die sie umgeben, vertrocknet sind, ist der Mais reif. Die Kolben müssen dick und prall sein. Wenn du ein Maiskorn zerdrückst und weißer Saft austritt, ist es Zeit für die Ernte. Schneide die Kolben vorsichtig mit einem Messer vom Stängel ab.

Auf dem Balkon – leider nein!
Mais kann nicht im Topf auf dem Balkon gezogen werden.

*Mehr zur **Bestäubung** auf S. 8.*
*Mehr über das **Auspflanzen** auf S. 55.*
*Mehr zu **Hochbeeten aus Aufsatzrahmen** auf S. 58–59.*

Anordnung im Hochbeet
In einem Aufsatzrahmen ist Platz für 12 Maispflanzen.

Saattiefe: 4 cm.
Pflanzabstand: 20–30 cm.
Standort: Sonnig.
Pflege: Mit Komposterde düngen. Erde mit frischem Rasenschnitt bedecken. Vorsichtig Unkraut jäten, da die Wurzeln nah an der Erdoberfläche liegen und sehr empfindlich sind!
Wasser: Regelmäßig und viel gießen. Besonders, wenn es ein heißer trockener Sommer ist.
Gute Nachbarn: Zucchini, Bohnen, Salat.
Feinde: Keine besonderen.

REZEPT

GEKOCHTE MAISKOLBEN

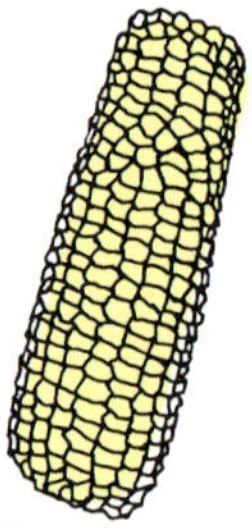

4 Portionen

  4 Maiskolben
  1 TL Salz
  Butter

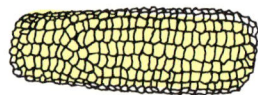

1. Die Blätter und die seidigen Fäden, die den Maiskolben umgeben, entfernen.
2. In einem großen Topf viel Wasser zum Kochen bringen.
3. Gib das Salz und die Maiskolben hinein und lass sie etwa 7 Min. köcheln.
4. Das Wasser vorsichtig abgießen und die Maiskolben abkühlen lassen. Mit etwas Butter bestreichen, leicht salzen und sofort genießen. Geht ganz einfach und schmeckt super!

KAROTTEN

Karotten sind knackig, süß und machen dich fit. Außerdem sind sie sättigend. Doch das Beste ist, dass sie Karotin enthalten. Das verwandelt der Körper in Vitamin A, das wichtig für die Sehkraft ist. Super für alle, die gerne Detektiv spielen. Starke Augen = sehr gut, wenn du den Überblick im Beet behalten willst!

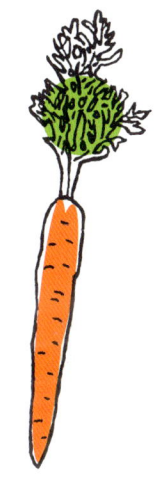

So pflanzt du Karotten an:

1. Säe direkt ins Beet. Lass die Samen vor dem Einsetzen eine Nacht in Wasser liegen, das verkürzt die Keimzeit.
2. Bereite eine 1 cm tiefe Furche in deinem Beet vor und lege die Samen mit 4 cm Abstand hinein. Bedecke sie mit Erde und gieße sie. Um sicherzugehen, dass etwas wachsen wird, kannst du an jeder Stell mehrere Samen säen.
3. Markiere die Reihen, in die du deine Karottensamen eingepflanzt hast, damit du sie später wiederfindest.
4. Wenn die ersten Keimblätter aus der Erde gucken, musst du deine Saat pikieren. Also Pflanzen, die zu eng beieinander wachsen, vereinzeln. Karotten sollten mind. 4 cm Abstand zueinander haben, damit sie sich ordentlich entwickeln können. Du kannst überschüssige Keimblätter wie frische Kräuter im Salat genießen.
5. Regelmäßig gießen. Karotten brauchen eine gleichmäßige Wasserzufuhr, sonst können sie platzen. Aber nicht zu viel auf einmal gießen, sonst wächst nur das Grün statt der Karotte selbst. Viel Grün = kleine Karotten.
6. Die Karotten nach Bedarf ernten. Wenn du größere Exemplare haben willst, lass sie etwas länger in der Erde.

> Pikieren = Pflanzen, die zu dicht wachsen, entfernen

Aussaat: Mai–Juni.
Keimzeit: 10–16 Tage.
Ernte: August–Oktober.

JAN   FEB   MÄRZ   APR   MAI   JUNI   JULI   AUG   SEPT   OKT   NOV   DEZ

AUSSAAT   ERNTE

Gute Nachbarn!

Karotten und Zwiebeln helfen sich gegenseitig. Beide sondern starke Düfte ab, die die Feinde der anderen verjagen.

Auf dem Balkon!

Du kannst Karotten in einem Topf auf dem Balkon ziehen.
Der Topf muss mind. 30 cm tief sein, damit die Karotten ordentlich wachsen können. Sie brauchen konstante Feuchtigkeit, also gieß wenig, aber regelmäßig.

30 cm

Anordnung im Hochbeet

In einem Aufsatzrahmen ist Platz für 72 Karotten.
*Mehr zu **Hochbeeten aus Aufsatzrahmen** auf S. 58–59.*

Saattiefe: 1 cm.
Pflanzabstand: 4 cm.
Standort: Sonnig.
Pflege: Umgraben und pikieren. Unkraut jäten. Die Karotten mit etwas Erde bedecken, wenn sie schon herausgucken und es noch zu früh zum Ernten ist.
Wasser: Brauchen konstante Feuchtigkeit.
Gute Nachbarn: Zwiebeln.
Feinde: Karottenfliege.

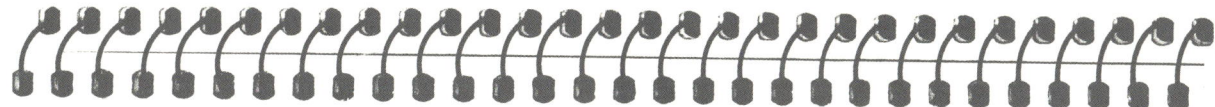

REZEPT

KAROTTENKUCHEN MIT VANILLECREME

Für die Vanillecreme:
25 g Butter
250 g Quark
60 g Puderzucker
1 TL Vanillezucker

Für den Kuchen:
100 g weiche Butter
200 g Zucker
3 Eier
250 g geriebene Karotten (3–4 Stück)
150 g Mehl
1 TL Backpulver
2 TL Zimt
Butter und Semmelbrösel für die Form

Den Ofen auf 175 °C vorheizen.

Für die Vanillecreme:
1. Bring die Butter in einem Topf zum Schmelzen und lass sie abkühlen.
2. Die geschmolzene Butter mit Quark, Puderzucker und Vanillezucker verrühren und die Creme kaltstellen.

Für den Kuchen:
1. Rühr Butter und Zucker in einer Schüssel mit einem Schneebesen schaumig.
2. Gib unter Rühren nacheinander die Eier dazu.
3. Die Karotten schälen, vorsichtig reiben und hinzufügen.
4. Vermenge in einer zweiten Schüssel Mehl mit Backpulver und Zimt. Dann vermisch es sorgfältig mit der Eier-Karottenmasse.
5. Fette eine flache Backform ein und streu sie mit Semmelbröseln aus, sonst bekommst du den Kuchen später nicht aus der Form.
6. Den Teig gleichmäßig in die Form geben.
7. Den Kuchen etwa 40 Min. im unteren Teil des Ofens backen. Prüfe zwischendurch die Farbe und stich mit einem Holzstäbchen in den Kuchen. Wenn kein Teig mehr daran hängenbleibt, ist der Kuchen fertig.
8. Den Kuchen vorsichtig aus dem Ofen nehmen, stürzen und abkühlen lassen.
9. Die Vanillecreme mit einem Löffel auf dem Kuchen verteilen, mit der Löffelrückseite glattstreichen und mind. 1 Std. zum Festwerden in den Kühlschrank stellen.

KARTOFFELN

Genauso wie Karotten und Rote Bete sind Kartoffeln ein Wurzelgemüse: Die Pflanze wächst über der Erde, während sich ihre Wurzeln mit den Knollen unter der Erde entwickeln. Wenn die Pflanze weiß oder hellviolett blüht, ist es Zeit zu ernten. Aber wenn du die Kartoffeln lagern willst, warte noch, bis das Kartoffelkraut verwelkt ist. Dann haben die Knollen eine dickere Schale entwickelt.

Kartoffeln sind sättigend und enthalten Vitamin C und Eisen. Sie sind in der Küche sehr vielseitig einsetzbar. Du kannst sie kochen, braten, frittieren, in Scheiben gratinieren oder in Form von Kartoffelbrei genießen. Der Phantasie sind bei der Zubereitung keine Grenzen gesetzt.

Saatkartoffeln werden in die Erde gesetzt, wo sie keimen und sich vermehren. Nimm Saatkartoffeln aus dem Gartenfachmarkt. So weißt du, welche Sorte du anpflanzt, wie lange sie zum Wachsen braucht und dass sie frei von Krankheiten ist.

Aussaat:
Vorkeimen drinnen im Karton: April.
Raus ins Beet: Mai
Keimzeit: 5 Wochen.
Ernte: Juli–September.

So pflanzt du Kartoffeln an:

1. Lass die Kartoffeln vorkeimen, bevor du sie ins Beet pflanzt. So bilden sich kleine Triebe, die den Wachstumsprozess nach dem Einpflanzen beschleunigen. Leg die Kartoffeln in einen Eierkarton – eine Kartoffel in jedes Fach – und stell ihn an einen hellen Ort.

2. Benetze die Kartoffeln mit einer Blumenspritze regelmäßig mit Wasser, damit sie nicht verschrumpeln.

3. Wenn die Kartoffeln deutliche Keime entwickelt haben, pflanze sie etwa 5 cm tief ins Beet, mit den Trieben nach oben und den Wurzeln nach unten. Die Erde sollte mind. 8 °C warm sein. Der Abstand zwischen den Kartoffelpflanzen sollte 40 cm betragen. Vorsichtig mit Erde bedecken, so dass die Keime nicht beschädigt werden.

4. Nach dem Einpflanzen gießen. Während des Sommers regelmäßig weitergießen, besonders dann, wenn es nicht regnet.

5. Nach 2–3 Wochen sind die ersten Pflänzchen zu sehen. Wenn sie etwa 15 cm hoch sind, ist es Zeit Erde zu häufeln. Schütte um den Stängel der Kartoffelpflanze herum Erde auf.

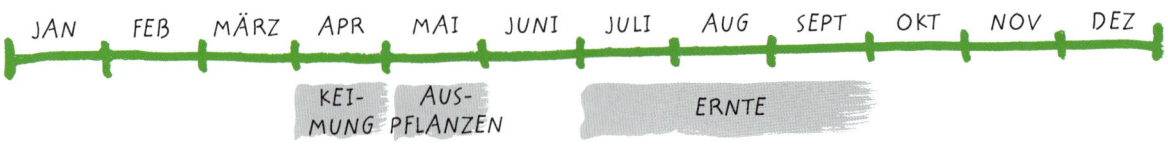

JAN   FEB   MÄRZ   APR   MAI   JUNI   JULI   AUG   SEPT   OKT   NOV   DEZ

KEIMUNG   AUSPFLANZEN   ERNTE

6. Wenn die Pflanze blüht, ist es Zeit für die erste Ernte. Grabe die Kartoffeln mit den Händen oder einer kleinen Harke aus der Erde.

7. Du kannst mit der Ernte auch noch etwas warten. Schneide das Kartoffelkraut bis auf 10 cm herunter und lass die Kartoffeln noch 2–3 Wochen in der Erde.

Auf dem Balkon!
Du kannst Kartoffeln in 40 cm tiefen Eimern auf dem Balkon anpflanzen. Mach Löcher in den Boden und füll den Eimer zu einem Drittel mit Erde. Setz drei Kartoffeln hinein. Während die Pflanze wächst, immer wieder mit Erde auffüllen. Die Knollen dürfen nie sichtbar sein. Viel und regelmäßig gießen.

Kartoffeln häufeln!
Häufeln bedeutet, Erde um den Stamm der Pflanze herum aufzuschütten. Das ist wichtig, da die Knollen vom Stängel aus wachsen und kein Sonnenlicht abbekommen sollen. Sonst werden sie grün, giftig und ungenießbar. Das Häufeln sollte man in Angriff nehmen, wenn die Pflanze etwa 15 cm hoch ist.

Anordnung im Hochbeet
In einem Aufsatzrahmen ist Platz für 6 Kartoffelpflanzen. *Mehr zu Hochbeeten aus Aufsatzrahmen auf S. 58–59.*

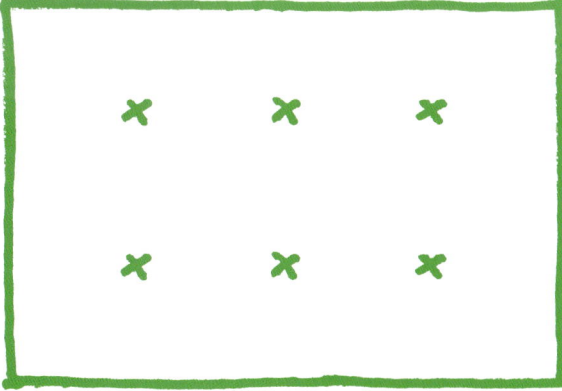

Pflanztiefe: 5 cm.
Pflanzabstand: 40 cm.
Standort: Sonnig.
Pflege: Stutze das Kartoffelkraut, wenn es 15 cm hoch ist. Unkraut jäten.
Wasser: Regelmäßig und großzügig gießen.
Gute Nachbarn: Dicke Bohne, Mais, Spinat, Ringelblume, Tagetes.
Feinde: Schnecken, Mehltau.

REZEPT

GEKOCHTE KARTOFFELN MIT KRÄUTERQUARK

4 Portionen

12—16 Kartoffeln
1 TL Salz
1 Handvoll Gartenkräuter
500 g Magerquark oder Frischkäse
Salz und Pfeffer

1. Kartoffeln schrubben und abspülen. In einen Topf geben und mit Wasser auffüllen, bis sie bedeckt sind. Salz dazugeben und das Wasser bei höchster Temperatur zum Kochen bringen. Die Hitze um die Hälfte reduzieren und die Kartoffeln etwa 20 Min. köcheln lassen.

2. In der Zwischenzeit vorsichtig die Gartenkräuter feinhacken und unter den Quark rühren. Mit Salz und Pfeffer abschmecken.

3. Stich nach 20 Minuten mit einer Gabel in eine Kartoffel, um zu prüfen, ob sie schon weich genug sind. Wenn sie soweit sind, vorsichtig das Wasser abgießen und die Kartoffeln mit Kräuterquark servieren.

RHABARBER

Rhabarber ist ein ergiebiges Mitglied im Küchengarten. Schon im Mai kannst du die ersten Stängel ernten. Die Rhabarberpflanze ist außerdem sehr langlebig, sie hält viele Jahre.

So pflanzt du Rhabarber an:

1. Du brauchst vorgezogenen Rhabarber aus dem Gartenfachmarkt oder von jemandem, der Rhabarber anpflanzt. Gräbst du die Pflanze selbst aus, achte darauf, sie ganz und mit Wurzel auszugraben.

2. Rhabarber kann auch in Eimern oder Wannen mit mind. 50 cm Breite und Tiefe angepflanzt werden. Denk an die Löcher im Boden, damit überschüssiges Wasser abfließen kann. Die Erde sollte mit Stallmist oder anderem Dünger gedüngt sein. Der Rhabarber kann natürlich auch ins Beet gesetzt werden.

3. Bereite eine tiefe Mulde im Beet vor, in der auch die Wurzeln der Pflanze genug Platz haben. Die Wurzeln sollten etwa 5 cm unter der Erde liegen, die Stiele dürfen nicht mit Erde bedeckt sein.

4. Gießen. Wenn der Rhabarber zu blühen beginnt, entferne die Blüte mitsamt ihres Stiels, da sie der Pflanze Kraft zum Wachsen nimmt.

5. Im ersten Jahr wirst du kaum Rhabarber ernten können, da die Pflanze noch Zeit braucht, um groß und kräftig zu werden. Im nächsten Frühjahr kannst du schon ein Viertel der Stiele ernten. Im dritten Jahr noch mehr. Die Ernte erfolgt durch leichtes Drehen des Rhabarberstiels nah an der Erde.

6. Dünge den Rhabarber im Herbst mit Komposterde und Dünger, damit die Pflanze Kraft für das nächste Jahr schöpfen kann.

Überwintern!
Wenn du Rhabarber in einem Topf angepflanzt hast, musst du die Wurzel im Winter gegen Kälte schützen. Bedecke die Erde mit Laub, umwickle den Topf mit einer Decke und stell ihn an eine geschützte Stelle. Du kannst Rhabarber auch in der Garage überwintern lassen. Die Temperatur sollte aber 3 °C nicht überschreiten, sonst beginnt er zu wachsen.

Einpflanzen: April.
Ernte: Mai–August.

JAN · FEB · MÄRZ · APR · MAI · JUNI · JULI · AUG · SEPT · OKT · NOV · DEZ

EIN-PFLANZEN · ERNTE (IM FOLGEJAHR)

Auf dem Balkon!
Rhabarber kannst du auch in einem großen Topf auf dem Balkon ziehen. Der Topf sollte allerdings mind. 50 cm breit und ebenso tief sein. Düngen und die Erde mit Rasenschnitt bedecken. Dann bekommt die Rhabarberpflanze genügend Nährstoffe und bleibt feucht.

50 cm

Anordnung im Hochbeet
In einem Aufsatzrahmen ist Platz für 2 Rhabarberpflanzen. *Mehr zu **Hochbeeten aus Aufsatzrahmen** auf S. 58–59.*

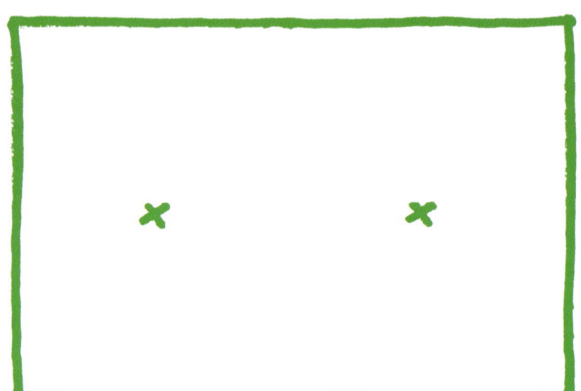

Pflanztiefe:
Wurzel: 5 cm unter der Erde.
Pflanze: Die Stiele müssen über der Erde stehen.
Pflanzabstand: 50 cm.
Standort: Sonnig oder halbschattig.
Pflege: Unkraut jäten. Die Erde mit Rasenschnitt bedecken. Die Blüten entfernen.
Wasser: Regelmäßig und viel gießen.
Gute Nachbarn: Keine besonderen.
Feinde: Schnecken.

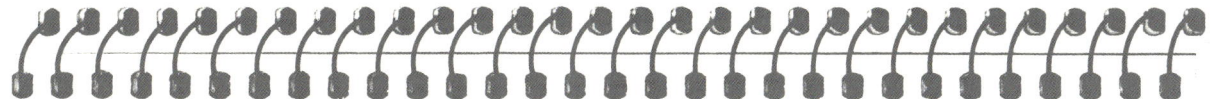

REZEPT

SCHNELLER RHABARBER-PIE

4–6 mittelgroße Stiele Rhabarber
Fett für die Form
60 g Mehl
40 g Haferflocken
1 EL Kartoffelstärke
80 g Zucker
125 g Butter

1. Den Ofen auf 225 °C vorheizen.
2. Schäl den Rhabarber, indem du vorsichtig mit einem Messer die äußere feste Schale in langen Streifen abziehst.
3. Eine Backform einfetten.
4. Schneide den Rhabarber in 2 cm breite Stücke und gib sie in die Form.
5. Mehl, Haferflocken, Kartoffelstärke und Zucker in einer Schüssel vermengen und über die Rhabarberstücke geben.
6. Verteile darüber gleichmäßig die Butter in Flocken.
7. Etwa 20 Min. im Ofen backen. Wenn der Rhabarber blubbert und die Streusel goldbraun sind, ist der Pie fertig. Serviere ihn lauwarm mit Eis oder Vanillesauce, das ist ein tolles Sommeressen!

ROTE BETE

Rote Bete ist ein farbenprächtiges Wurzelgemüse. Es gibt sie in rot, weiß und sogar gestreift. Sie schmeckt leicht süßlich und ist gesund, weil sie viele Mineralien enthält, die wichtig für den Körper sind. Übrigens kannst du von der Rote Bete auch die Blätter essen. Sie machen sich gut im Salat oder lassen sich wie Spinat im Topf zubereiten.

So pflanzt du Rote Bete an:

1. Säe direkt ins Beet. Bereite dafür zwei etwa 2 cm tiefe Furchen im Beet vor. Leg die Samen mit 5 cm Abstand hinein und bedecke sie mit Erde. Anschließend gießen.
2. Nach zwei Wochen sind die ersten rot-grünen Blätter der Rote Bete zu sehen. Entferne die Pflanzen, die zu nah beieinander stehen. Sie sollten etwa 5 cm Abstand zueinander haben. Die Blätter der Pflänzchen, die du entfernst, kannst du als Salat essen.
3. Gieß deine Rote Bete gleichmäßig und regelmäßig, damit sie nicht holzig wird oder platzt.
4. Vielleicht ist eine zweite Ausdünnung nötig. Aus jedem Rote-Bete-Samen können vier neue Pflanzen entstehen. Deshalb können auch nach dem ersten Pikieren noch neue Pflänzchen auftauchen. Denke daran, immer 5 cm Abstand zwischen den Pflanzen zu wahren.
5. Rote Bete mag viele Nährstoffe. Bedecke die Erde zwischen den Pflanzen mit einer dicken Schicht frischem Rasenschnitt.
6. Ernte die Rote Bete, wenn die Knollen etwa so groß wie Golfbälle sind. Du kannst mit den Fingern in der Erde nachfühlen, ob sie schon groß genug sind.

Aussaat:
Mitte Mai–Juni.
Keimzeit: 10–20 Tage.
Ernte:
Mitte Juli–September.

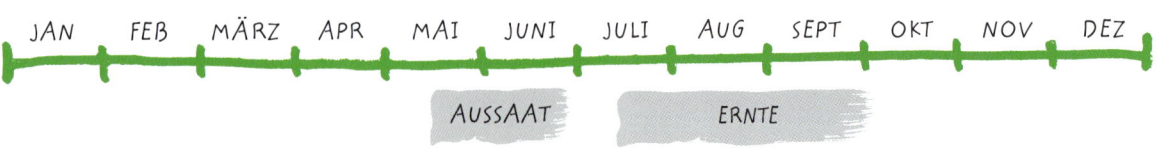

JAN · FEB · MÄRZ · APR · MAI · JUNI · JULI · AUG · SEPT · OKT · NOV · DEZ

AUSSAAT ERNTE

Auf dem Balkon!
Du kannst Rote Bete in einem Topf auf dem Balkon ziehen. Die Erde sollte mind. 30 cm tief sein.

30 cm

Rosafarbener Urin?
Pinkelst du rosarot, wenn du Rote Bete gegessen hast? Kein Grund zur Panik! Die Farbstoffe der Rote Bete spielen dir nur einen Streich.

Anordnung im Hochbeet
In einem Aufsatzrahmen ist Platz für 72 Rote Bete.
*Mehr zu **Hochbeeten aus Aufsatzrahmen** auf S. 58–59.*

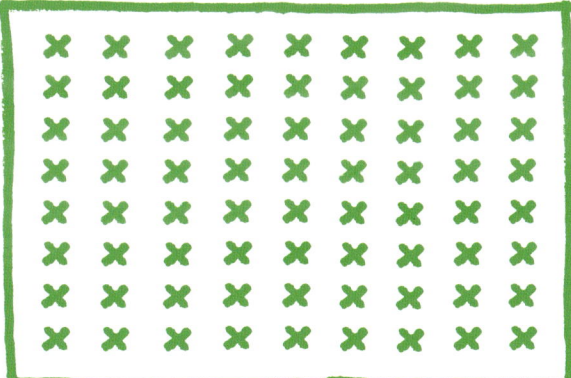

Saattiefe: 2 cm.
Pflanzabstand: 5 cm.
Standort: Sonnig bis halbschattig.
Pflege: Pflanzen ausdünnen, Unkraut jäten, mit Rasenschnitt düngen.
Wasser: Gleichmäßig, aber nicht zu viel gießen.
Gute Nachbarn: Zwiebeln, Kohl.
Feinde: Raupen.

REZEPT

ROTE-BETE-WÜRFEL

4 Portionen

8 Rote Bete
1 TL Salz
Feta oder Ziegenfrischkäse

1. Schneide die Stiele der Rote Bete ab, so dass noch ein kleiner Strunk stehenbleibt. Die Spitze nicht abschneiden.
2. Die Rote Bete gründlich waschen und anschließend abspülen.
3. Gib sie in einen Topf, bedecke sie mit Wasser und gib das Salz dazu.
4. Bei höchster Temperatur zum Kochen bringen, anschließend die Hitze auf die Hälfte reduzieren und die Rote Bete etwa 45 Min. kochen lassen. Teste mit einer Gabel, ob sie schon weich und gar ist.
5. Die Rote Bete vorsichtig abgießen und in kaltem Wasser etwas abkühlen lassen.
6. Schäl die Rote Bete mit den Händen. Wenn du etwas reibst, löst sich die Schale ganz leicht ab. Benutze am besten Gummihandschuhe, sonst hast du hinterher rote Hände.
7. Mit einem Messer vorsichtig den Strunk und die Spitze entfernen. Die warme Rote Bete mit Gummihandschuhen in kleine Würfel schneiden, in eine Schüssel geben und mit Feta oder Ziegenfrischkäse bestreuen. Sieht toll aus und schmeckt gut!

BLATTSALAT

Salat gibt es in allen möglichen Farben und Formen. Er ist wie ein kleines Feuerwerk in deinem Beet und wächst so schnell, dass man dabei fast zusehen kann. Schon wenige Wochen nach der Aussaat kannst du mit der Ernte beginnen. Und wenn du immer nur ein paar Blätter erntest, wächst er weiter. So bist du den ganzen Sommer mit frischem Salat versorgt. Säe keinen Salat, wenn die Temperatur über 18 °C liegt, denn dann keimen die Samen nicht.

So pflanzt du Salat an:

1. Direkt ins Beet säen. Bereite Furchen von etwa 1 cm Tiefe vor und gieß die Erde, damit sie feucht ist, wenn du die Samen hineinstreust. Lass etwa 5 cm Abstand zwischen den Samen und bedecke sie mit einer dünnen Schicht Erde.

2. Nochmal gießen. Nimm den Brauseaufsatz deiner Gießkanne, damit die Samen nicht weggespült werden.

3. Nach etwa einer Woche guckt das erste Grün aus der Erde. Wenn die Pflanzen zu dicht beieinander wachsen, musst du ein paar der kleineren entfernen. Zwischen denen, die im Beet bleiben, sollte etwa 5 cm Platz sein.

4. Ordentlich gießen, damit die Erde gleichmäßig feucht ist. Wenn die Erde austrocknet, wird der Salat bitter und ungenießbar.

5. Wenn der Salat noch größer geworden ist, musst du die Reihen wieder lichten. Die Pflanzen sollten jetzt 20 cm Abstand zueinander haben. Du kannst die Salate, die rausmüssen, einfach essen.

6. Wenn die Salate 10–15 cm groß sind, wird es Zeit für die Ernte. Beginn beim Pflücken mit den großen äußeren Blättern und lass die Innenblätter stehen, dann wachsen neue Blätter nach. Am besten frühmorgens ernten, da ist der Salat am knackigsten.

Aussaat:
Mitte April–Juni.
Keimzeit: 5–12 Tage.
Ernte:
Juni–September.

JAN   FEB   MÄRZ   APR   MAI   JUNI   JULI   AUG   SEPT   OKT   NOV   DEZ

AUSSAAT   ERNTE

Auf dem Balkon!

Du kannst Salat im Balkonkasten anpflanzen. Die Wurzeln reichen nicht sehr tief, deshalb reichen etwa 20 cm Erde. Säe verschiedene Sorten Salat und säe immer wieder neu. Da die verschiedenen Salate unterschiedlich lange zum Wachsen brauchen, hast du dann den ganzen Sommer über frischen Salat.

20 cm

Keine Köpfe!

Blattsalat wird auch Schnitt- oder Pflücksalat genannt. Er bekommt keine Köpfe, und man erntet die Blätter einzeln von außen nach innen.

Anordnung im Hochbeet

In einem Aufsatzrahmen ist Platz für 20 Salate.
*Mehr zu **Hochbeeten aus Aufsatzrahmen** auf S. 58–59.*

Längere Erntezeit

Säe den Salat im Frühling und Frühsommer in Etappen, dann kannst du den ganzen Sommer über frischen Salat ernten.

Saattiefe: 1 cm.
Pflanzabstand: 20 cm.
Standort: Sonnig bis halbschattig.
Pflege: Pflanzen ausdünnen, die Erde mit Rasenschnitt düngen.
Wasser: Gleichmäßig und oft gießen, die Erde darf nicht austrocknen.
Gute Nachbarn: Zwiebeln, Kohl.
Feinde: Schnecken, Blattläuse.

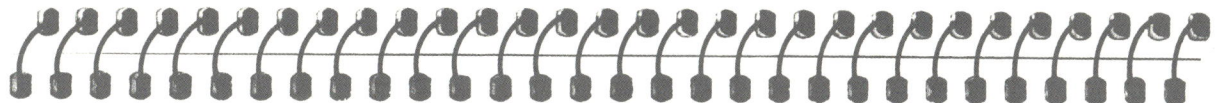

REZEPT

BLÜTENSALAT

Für den Salat:
Frische Salatblätter
Frische Kräuter, z. B. Basilikum, Dill,
Minze, Thymian
Frische Blüten, z. B. Brunnenkresse-,
Schnittlauch- oder Ringelblumenblüten

Für das Dressing:
3 Teile Olivenöl
1 Teil Essig oder frischgepresster
Zitronensaft
Gewürze wie z. B. Dijonsenf, Honig, ge-
trocknete Kräuter oder Knoblauch
Salz und Pfeffer

1. Zupf die Salatblätter in kleine Stücke und gib sie in eine Salatschüssel.
2. Vorsichtig mit einem Messer die frischen Kräuter hacken und unter den Salat mischen.
3. Für das Dressing in einer anderen Schüssel kräftig das Öl mit Essig oder Zitronensaft vermischen.
4. Gib die Gewürze hinzu und schmecke das Dressing mit Salz und Pfeffer ab.
5. Das Dressing immer erst kurz vor dem Servieren über den Salat geben, damit er nicht matschig wird. Zum Schluss mit den Blüten bestreuen. Ist knackig und sieht klasse aus!

ZUCKERSCHOTEN

Die Zuckerschote schmeckt knackig und süß und ist eine verkannte Nascherei im Beet. Man nennt sie auch Kaiserschote oder Zuckererbse. Die Zuckerschote ist eine rankende Pflanze. Ihre weißen Blüten entwickeln sich zu Schoten, in denen sich Erbsen befinden. Die Zuckerschote wird aus diesen Erbsen gezogen. Die Zuckerschote enthält viele Proteine = gut für die Muskeln.

So pflanzt du Zuckerschoten an:

1. Säe sie direkt ins Beet. Setze die Erbsen etwa 3 cm tief und mit 20 cm Abstand in die Erde.
2. Reichlich gießen.
3. Die Pflanzenreihe markieren, damit du weißt, wo du die Zuckerschote wiederfinden kannst.
4. Wenn die ersten Blätter auftauchen, braucht die Zuckerschote Rankhilfe. Dünne Holzstäbe oder ein Spalier aus Ästen oder Zweigen eignen sich zum Klettern.
5. Bis Mitte Juni einmal mit Stallmist oder anderem Dünger düngen.
6. Die Erde um die Pflanze herum regelmäßig gießen, sie soll immer feucht sein.
7. Nach der Blüte entwickeln sich Schoten. Junge Zuckerschoten kannst du roh knabbern, aber wenn sie etwas kräftiger sind, müssen sie erst gekocht werden.

Auf dem Balkon!
Du kannst Zuckerschoten im Topf auf dem Balkon anpflanzen. Da die Pflanze in die Höhe klettert, nimmt sie am Boden nicht so viel Platz weg. Der Topf sollte 30 cm tief sein. Die Zuckerschote mag es in der Sonne und im Halbschatten. Aber sie darf niemals austrocknen, also vergiss nicht, regelmäßig zu gießen!

30 cm

Aussaat: Mai–Juni.
Keimzeit: 5–15 Tage.
Ernte: Juli–September.

JAN   FEB   MÄRZ   APR   MAI   JUNI   JULI   AUG   SEPT   OKT   NOV   DEZ

AUSSAAT   ERNTE

Anordnung im Hochbeet

In einem Aufsatzrahmen ist Platz für 12 Zuckerschotenpflanzen.
*Mehr zu **Hochbeeten aus Aufsatzrahmen** auf S. 58–59.*

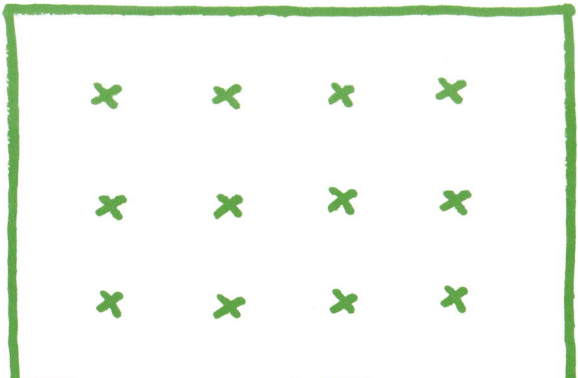

Saattiefe: 3 cm.
Pflanzabstand: 20 cm.
Standort: Sonnig.
Pflege: Bis Mitte Juni einmal mit Stallmist düngen. Unkraut jäten. Bei Bedarf mit Schnur an der Rankhilfe festbinden.
Wasser: Viel und häufig gießen.
Gute Nachbarn: Karotte, Steckrübe, Radieschen, Mais.
Feinde: Pilze, Larven, Schnecken, Vögel.

REZEPT

NUDELN MIT ZUCKERSCHOTEN

4 Portionen

   12 Tagliatelle-Nudelnester
   1 TL Salz
   1 EL Olivenöl
   1 feingehackte Zwiebel
   4 Handvoll junge Zuckerschoten
   200 ml Sahne
   1 EL Butter
   Salz und Pfeffer

1. In einem großen Topf viel Wasser zum Kochen bringen. Tagliatelle hineinlegen und warten, bis das Wasser wieder kocht, dann salzen. Nudeln nach Anweisung auf der Packung kochen.
2. In einer Pfanne vorsichtig das Öl erhitzen und darin die feingehackte Zwiebel anbraten. Zuckerschoten dazugeben und etwa 3 Min. braten.
3. Sahne zu den Zuckerschoten in die Pfanne gießen und erwärmen, jedoch nicht zum Kochen bringen.
4. Nudeln vorsichtig durch ein Sieb abgießen. Dann wieder in den Topf geben und mit Butter vermengen.
5. Die Tagliatelle mit den Zuckerschoten in Sahnesauce vermengen. Mit Salz und Pfeffer abschmecken und sofort servieren!

SPAGHETTIKÜRBIS

Der Spaghettikürbis ist ein lustiger Geselle. Wenn du ihn aufschneidest, siehst du sein Fruchtfleisch, das einem Haufen Spaghetti gleicht und dem der Kürbis seinen Namen verdankt.

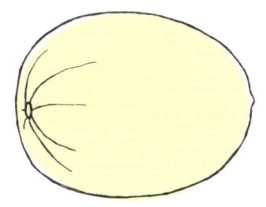

So pflanzt du Spaghettikürbisse an:

1. Anzucht im Topf drinnen. Pflanze zwei Samen etwa 3 cm tief in die Erde in einem Topf. Anschließend gießen.
2. Beschrifte den Topf, bedecke ihn mit Plastikfolie und mach Luftlöcher hinein. Stell den Topf auf einem Untersetzer auf das Fensterbrett. Gieß direkt in den Untersetzer, dann kann die Pflanze das Wasser selbst aufsaugen. Die Erde soll immer feucht sein.
3. Innerhalb von 1–2 Wochen tauchen die ersten Keimblätter auf. Wenn du mehrere Pflänzchen hast, entferne die kleineren, so dass nur noch eine Pflanze im Topf übrig bleibt.
4. Wenn die Pflanze vier Blätter entwickelt hat, ist es Zeit, sie in einen größeren Topf mit mehr Erde umzupflanzen.
5. Wenn die Pflanze kräftig genug ist, kannst du sie ins Beet pflanzen. Kipp sie aus ihrem Topf und setze sie in eine Vertiefung im Beet. Mit Erde auffüllen und festklopfen. Anschließend gießen.
6. Den ganzen Sommer über fleißig gießen.
7. Während der Wachstumsphase mit Komposterde düngen. Du kannst deine Kürbispflanze auch mit Gold- oder Brennnesselwasser gießen. Leg eine 10 cm dicke Schicht Rasenschnitt um die Pflanze herum.
8. Wenn deine Spaghettikürbisse zu reifen beginnen, wende sie ab und zu, damit sie von allen Seiten Sonne bekommen.
9. Klopf auf den Kürbis und achte auf den Ton. Klingt er hohl, dann ist er reif. Schneide ihn vorsichtig mit einem Messer am Strunk ab.

Aussaat:
Drinnen im Topf: April.
Raus ins Beet: Juni.
Keimzeit: 5–15 Tage.
Ernte:
September–Oktober.

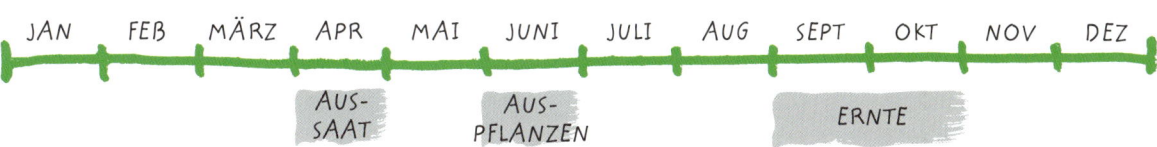

JAN FEB MÄRZ APR MAI JUNI JULI AUG SEPT OKT NOV DEZ

AUS-SAAT   AUS-PFLANZEN   ERNTE

Auf dem Balkon!

Der Spaghettikürbis kann in einem Topf auf dem Balkon angepflanzt werden. Er braucht viel Sonne und einen großen Topf, der mind. 50 cm tief und ebenso breit ist. Gerne noch größer! Regelmäßig großzügig gießen und düngen nicht vergessen!

*Mehr zu **Brennnessel- und Goldwasser** auf S. 63.*
*Mehr über das **Auspflanzen** auf S. 55.*
*Mehr zu **Hochbeeten aus Aufsatzrahmen** auf S. 58–59.*

Anordnung im Hochbeet
In einem Aufsatzrahmen ist Platz für 2 Kürbisse.

Saattiefe: 3 cm.
Pflanzabstand: 50–100 cm.
Standort: Sonnig.
Pflege: Mit Komposterde oder Stalldünger düngen. Rasenschnitt auf der Erde verteilen. Mit Gold- oder Brennnesselwasser gießen. Unkraut jäten.
Wasser: Regelmäßig gießen. Das Wasser nicht auf die Blätter, sondern auf die Erde um die Pflanze herum gießen.
Gute Nachbarn: Mais, Bohnen.
Feinde: Keine besonderen.

REZEPT

SPAGHETTIKÜRBIS AUS DEM OFEN

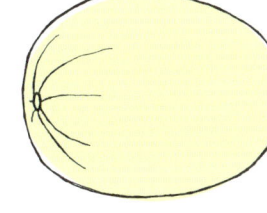

1 Spaghettikürbis
2 EL Olivenöl
$1/2$ TL Currypulver
Ein Paar Spritzer Zitrone
1 Prise Salz

1. Den Ofen auf 200 °C vorheizen.
2. Den Kürbis in der Mitte durchschneiden. Dazu brauchst du ein großes Messer, das geht schwer, lass dir am besten helfen!
3. Entferne die Kerne und leg die Kürbishälften mit der Außenseite nach oben in eine ofenfeste Form.
4. Etwas Wasser dazugeben und etwa 45 Min. im Ofen backen, bis das Fleisch ganz weich ist.
5. Nimm vorsichtig die Form heraus und lass die Kürbishälften etwas abkühlen.
6. Das Kürbisfleisch, das wirklich aussieht wie Spaghetti, mit einer Gabel aus der Schale kratzen und in eine Schüssel geben.
7. Mit Olivenöl vermengen und mit Currypulver, Zitrone und Salz würzen.

ZUCCHINI

Die Zucchini ist die Rakete im Beet. Sie wächst schnell und trägt viele Früchte, ideal für ungeduldige Gärtner. Zucchini gibt es in allen möglichen Farben, Formen und Größen.

So pflanzt du Zucchini an:

1. Anzucht drinnen im Topf. Setze zwei Samen in einen kleinen Topf mit Erde, etwa 3 cm tief und mit der Spitze nach unten. Anschließend gießen.

2. Beschrifte den Topf, bedecke ihn mit Plastikfolie und mach Luftlöcher hinein. Stell den Topf auf einem Untersetzer auf das Fensterbrett. Gieß direkt in den Untersetzer, dann kann die Pflanze das Wasser selbst aufsaugen. Die Erde soll immer feucht sein.

3. Innerhalb einer Woche taucht das erste Grün auf. Wenn die Pflänzchen größer sind und Keimblätter entwickelt haben, entferne die kleineren Pflänzchen, damit nur noch eine im Topf übrig ist.

4. Wenn die Pflanze vier Blätter hat und die Wurzeln unten aus dem Topf herauswachsen, ist es Zeit für einen größeren Topf.

5. Wenn die Pflanze groß und stabil genug ist, pflanze sie hinaus ins Beet. Kipp sie vorsichtig aus ihrem Topf und pflanze sie in die vorbereitete Vertiefung im Beet. Füll diese mit Erde auf und klopf das Ganze fest, so dass die Zucchinipflanze stabil steht. Anschließend gießen.

6. Den ganzen Sommer gewissenhaft gießen. Dabei auf die Erde zielen, nicht auf die Pflanze, sonst beginnen die Früchte zu faulen.

7. Mehrmals pro Saison mit Brennnessel- oder Goldwasser düngen. Bis Mitte Juni mind. zweimal eine etwa 10 cm dicke Schicht Rasenschnitt um die Pflanze herum verteilen, das bringt Nährstoffe.

Aussaat:
Drinnen im Topf:
April–Mai.
Raus ins Beet: Juni.
Keimzeit: 7 Tage.
Ernte: Juli–September.

JAN   FEB   MÄRZ   APR   MAI   JUNI   JULI   AUG   SEPT   OKT   NOV   DEZ

AUSSAAT   AUS-PFLANZEN   ERNTE

8. Ernte die Blüten. Sie können frittiert oder im Ofen gebacken und gegessen werden. Wenn sie an der Pflanze bleiben, vertrocknen sie und fallen von alleine ab.

9. Wenn die Zucchini 10–15 cm lang sind, können sie geerntet werden. Schneide vorsichtig mit einem kleinen Messer den dicken Strunk direkt an der Frucht ab. Je mehr du erntest, desto mehr Früchte produziert die Pflanze. Deshalb kannst du oft und lange ernten.

Auf dem Balkon!
Zucchini kannst du in einem 40–50 cm tiefen und ebenso breiten Topf auf dem Balkon anpflanzen. Die Zucchini hat es gern sonnig und möchte oft und viel gegossen werden. Ordentlich düngen nicht vergessen.

*Mehr zu **Brennnessel- und Goldwasser** auf S. 63.*
*Mehr über das **Auspflanzen** auf S. 55.*
*Mehr zu **Hochbeeten aus Aufsatzrahmen** auf S. 58–59.*

Anordnung im Hochbeet
In einem Aufsatzrahmen ist Platz für 2 Zucchinipflanzen.

Saattiefe: 3 cm.
Pflanzabstand: 50 cm.
Standort: Sonnig.
Pflege: Bedecke die Erde mit Rasenschnitt. Mit Brennnessel- oder Goldwasser gießen. Unkraut jäten.
Wasser: Regelmäßig gießen. Den Wasserstrahl auf die Erde, nicht auf die Pflanze richten.
Gute Nachbarn: Mais, Bohnen.
Feinde: Schnecken, Mehltau.

REZEPT

ZUCCHINISCHIFFCHEN MIT FETACREME

4 Portionen

2 große oder 4 kleine Zucchini
75 g Fetakäse
100 ml griechischer Joghurt (10% Fett)
Fett für die Form
Flüssiger Honig

1. Den Ofen auf 200 °C vorheizen.
2. Halbier die Zucchini der Länge nach und kratz die Kerne heraus.
3. Fetakäse und Joghurt verrühren und auf die Zucchinihälften geben.
4. Leg die Zucchini in eine gebutterte ofenfeste Form.
5. Im Ofen für 15 Min. backen bzw. bis die Fetacreme etwas Farbe bekommen hat.
6. Nimm vorsichtig die Form aus dem Ofen und lass die Zucchinischiffchen kurz abkühlen.
7. Mit etwas Honig beträufeln und heiß servieren.

TOMATEN

Der Sommer schmeckt nach sonnengereiften Tomaten! Tomaten gibt es in vielen Farben und Formen. Wenn du deine Tomate in einem Topf ziehst, eignen sich Strauchtomaten am besten, da sie mehr in die Breite wachsen.

So pflanzt du Tomaten an:

1. Anzucht drinnen im Topf. Einen kleinen Topf mit Erde füllen und 3–4 Samen hineinlegen. Die Samen mit einer dünnen Schicht Erde bedecken und vorsichtig gießen.
2. Beschrifte den Topf, bedecke ihn mit Plastikfolie und mach Luftlöcher hinein. Stell den Topf auf einen Untersetzer oder ein Tablett in ein Zimmer mit etwa 22 °C Raumtemperatur.
3. Gieß täglich direkt in den Untersetzer oder das Tablett, dann kann die Pflanze das Wasser selbst aufsaugen. Die Erde soll feucht, aber nicht triefnass sein.
4. Nach einer Woche kommen klitzekleine Blätter aus der Erde. Wenn die Pflänzchen besser sichtbar sind, entfernst du die kleineren, so dass in jedem Topf nur noch eine Pflanze übrig ist.
5. Wenn die Pflanze zwei oder drei richtige Blätter bekommen hat, ist es Zeit zum Umpflanzen in einen größeren Topf mit mehr Erde. Stell die Tomatenpflanzen an ein Fenster, wo sie viel Licht bekommen. Die Raumtemperatur sollte 18 °C nicht überschreiten.
6. Wenn die Pflanze kräftig genug ist, kann sie in einen großen Topf mit mind. 40 cm Breite und 40 cm Tiefe umgetopft werden. Darin wächst sie den Rest des Sommers weiter. Beim Einpflanzen sollte auch ein Stück vom Stamm oberhalb der Wurzeln mit unter die Erde, da dort weitere Wurzeln gebildet werden. Es kann auch sein, dass im Laufe des Sommers nochmal Erde aufgefüllt werden muss.

Geiztriebe entfernen – warum?
Tomatenpflanzen müssen ausgegeizt werden. Ausgeizen nennt man die Entfernung der kleineren Triebe aus den Blattachseln der Haupttriebe. Dadurch hat die Pflanze mehr Kraft zum Wachsen. Wenn du Strauchtomaten hast, fällt diese Aufgabe weg, da sie keine Geiztriebe haben.

Aussaat:
Drinnen im Topf: Mitte März–April.
Raus ins Beet: Juni.
Keimzeit: 7–12 Tage.
Ernte: August–Oktober.

JAN FEB MÄRZ APR MAI JUNI JULI AUG SEPT OKT NOV DEZ

AUSSAAT AUS-PFLANZEN ERNTE

Auf dem Balkon!
Die Tomatenpflanze fühlt sich auch auf einem sonnigen Balkon wohl. Der Topf sollte mind. 40 cm breit und ebenso tief sein. Denke daran, ab und zu mit nährstofffreichem Wasser zu düngen und regelmäßig Rasenschnitt über der Erde zu verteilen. Das nährt die Pflanze und hilft ihr, Feuchtigkeit zu speichern.

Mehr zur **Bestäubung** auf S. 8.
Mehr zu **Brennnessel- und Goldwasser** auf S. 63.
Mehr über **das Auspflanzen** auf S. 55.
Mehr zu **Hochbeeten aus Aufsatzrahmen** auf S. 58–59.

Anordnung im Hochbeet
In einem Aufsatzrahmen ist Platz für 6 Tomatenpflanzen.

7. Wenn die Frostgefahr vorüber ist, können die Töpfe mit den Pflanzen draußen stehen. Gewöhne die Pflanzen an das Leben an der frischen Luft, indem du sie erst einmal jeden Tag ein paar Stunden rausstellst. Nach ein paar Tagen können sie draußen bleiben. Du kannst deine Tomatenpflanze jetzt natürlich auch ins Beet setzen.

8. Den ganzen Sommer fleißig gießen, immer auf die Erde um den Stamm herum. Die Erde soll feucht, aber nicht triefnass sein.

9. Während des Sommers mehrmals mit Brennnessel– oder Goldwasser düngen. Während der Pflanzsaison mehrmals eine etwa 10 cm dicke Schicht Rasenschnitt auf der Erde um die Pflanze herum verteilen.

10. Wenn die Tomate blüht, kannst du bei der Bestäubung helfen, indem du die Pflanze etwas hin- und herschüttelst. Dann fliegt der Blütenstaub aus den Staubgefäßen zum Stempel.

11. Wenn die Früchte schön rot geworden sind, kannst du die Tomaten ernten. Iss sie sofort oder bewahre sie bei Zimmertemperatur auf.

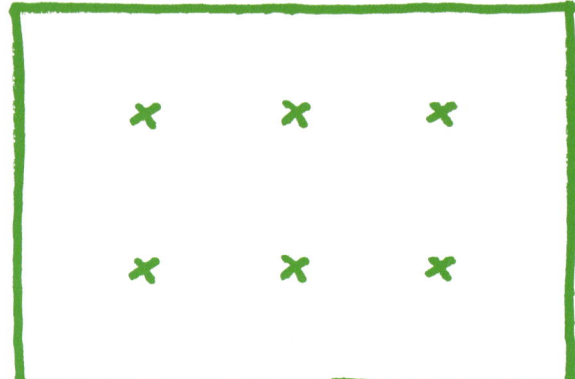

Pflanztiefe: Ein Stück vom Tomatenstängel soll unter die Erde.
Pflanzabstand: 40 cm.
Standort: Sonnig.
Pflege: Mit Brennnessel- oder Goldwasser gießen. Die Erde mit Rasenschnitt bedecken.
Wasser: Regelmäßig großzügig gießen.
Gute Nachbarn: Zwiebel, Petersilie, Tagetes.
Feinde: Blattläuse, weiße Fliege.

REZEPT

OFENTOMATEN MIT MOZZARELLA

4 Portionen

4 große oder
8 kleine Tomaten
1 Päckchen Mozzarella
Fett für die Form
1 Handvoll
Basilikumblätter
Salz und Pfeffer
Einige Spritzer Olivenöl

1. Den Ofen auf 200 °C vorheizen.
2. Spül die Tomaten und schneide sie am Strunk etwas auf. Schneide das Grün weg und höhle die Tomaten aus.
3. Füll die Tomaten mit Mozzarella und leg sie mit der Öffnung nach oben in eine gebutterte ofenfeste Form.
4. Die Basilikumblätter vorsichtig kleinschneiden und über die Tomaten streuen. Gib Salz und Pfeffer darüber.
5. Im Ofen 20 Min. backen bzw. bis die Schale der Tomaten platzt.
6. Vorsichtig aus dem Ofen nehmen, etwas Olivenöl über die warmen Tomaten träufeln und genießen.

TÖPFE UND GARTENWERKZEUG

Töpfe zur Anzucht

Du kannst eigene Töpfe machen, beispielsweise aus:

Milchverpackungen. Ausspülen und zu etwa 10 cm hohen Gefäßen zurechtschneiden. Schneide den Karton entlang der Längsseite entzwei, wenn du einen größeren Pflanzbehälter für viele Samen in einer Reihe brauchst. Kleine Löcher auf dem Boden sind wichtig, damit überschüssiges Wasser abfließen kann.

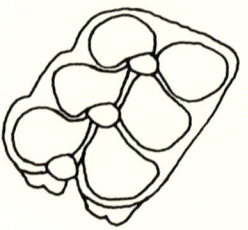

Eierkartons. Perfekte kleine Anzuchtschälchen. Der Karton nimmt Feuchtigkeit auf, du brauchst keine Löcher in den Boden zu machen.

Zeitungspapier. 10 cm breite Zeitungsstreifen zurechtschneiden. Mit Hilfe einer Flasche zu einer Rolle formen, ein Ende zu einem Boden zusammenfalten und wie einen kleinen Topf mit Erde füllen. Zeitungspapier saugt Feuchtigkeit auf, es sind keine Löcher nötig.

Töpfe zum Eintopfen

Jungpflanzen müssen mind. einmal umgetopft werden, bevor sie raus ins Beet gepflanzt werden können. Zunächst kommen sie in einen Topf mit 12–15 cm Durchmesser. Egal, ob Blumentopf, abgeschnittene Plastikflasche oder kleiner Eimer – Hauptsache der Behälter hat Löcher im Boden, so dass überschüssiges Wasser abfließen kann.

Große Pflanzgefäße

Wenn du Gemüse in Töpfen ziehen willst, müssen diese groß sein – mind. 40 cm breit und ebenso tief. Du kannst auch Wannen, Eimer, Tonnen oder sonstige Gefäße benutzen – aber vergiss nicht die Löcher im Boden!

Rankhilfe

Einige Pflanzen, wie zum Beispiel Bohnen oder Erbsen, brauchen Kletterhilfen. Du kannst eigene Rankhilfen bauen.

Spalier. Schneide gerade Äste, z. B. Weidenruten, auf etwa 150 cm Länge zurecht. Stecke sie mit 10–15 cm Abstand in die Erde. Schneide lange, etwas schmalere gerade Zweige zurecht und flechte sie waagerecht zwischen die in der Erde stehenden Stöcke. Bald hast du ein Gerüst, an dem deine Pflanzen emporklettern können.

Kletterbaum. Schneide stabile Äste zurecht in der Höhe, die deine Pflanzen etwa erreichen werden. Lass kleine Zweige und Verästelungen stehen, damit deine Pflanzen darum ranken können. Stecke einen solchen Kletterbaum neben jede Pflanze, die Rankhilfe braucht.

Gartengeräte und nützliches Werkzeug

Pflanzenfolie. Ein leichter, heller Stoff, der licht- und wasserdurchlässig ist. Hilft dem Boden, Wärme und Feuchtigkeit zu speichern und hält Schädlinge ab.

Mistgabel. Eine große Forke zum Wenden von Gras, Erde, Kompost oder Dünger. Auch zum Auflockern von sehr hartem Boden.

Hacke. Zum Auflockern des Bodens und vorsichtigem Entfernen von Unkraut. Wird auch zum Aufhäufen von Erde verwendet.

Eimer. Zum Transportieren von Wasser, Sand, Erde, und Kompost.

Unkrautstecher. Längliches Werkzeug mit einer Spitze, das Unkraut mitsamt Wurzel entfernt. Gut für die Beseitigung von Löwenzahn.

Pflanzschilder. Damit du weißt, wo du welche Pflanze angepflanzt hast. Flache Holzstäbe mit wasserfestem Stift beschriften oder die Samentüte mit einer Wäscheklammer am Stab befestigen.

Messstock. Zum Ausmessen der Pflanztiefe beim Säen von Pflanzen. Nimm einen Ast oder flachen Holzstab und markiere darauf mit wasserfestem Stift Abstände von 1 cm.

Pflanzschaufel. Kleine spitze Schaufel, perfekt zum Einpflanzen.

Schere. Zum Abschneiden von Schnüren und vertrockneten Pflanzenteilen.

Schubkarre. Zum Transportieren von schweren Dingen.

Spaten. Zum Umgraben oder Schaufeln von losem Material.

Schnur. Zum Hochbinden von Pflanzen.

Gießkanne. Sollte einen Brauseaufsatz zum gleichmäßigen Verteilen von Wasser haben.

Gartenschlauch. Wenn du ein großes Beet hast und nicht so viele Kannen Wasser schleppen willst.

SÄEN UND PFLANZEN

Die meisten Samen können direkt ins Beet gesät werden. Andere müssen drinnen vorgezogen werden.

Gut zu wissen:

- Anzuchterde enthält wenig Nährstoffe. Das ist gut, da im Samen selbst viel Kraft steckt. Zu viele Nährstoffe können die Keimung hemmen.
- Keimlinge im Frühbeet vorzuziehen nennt man auch vorkultivieren.
- Eine Pflanze von einem kleineren Topf in einen größeren Topf mit mehr Erde umzupflanzen, nennt man auch umtopfen. Im nächsten Schritt kann die Pflanze ins Beet gepflanzt werden.
- Eine in geschlossenen Räumen vorgezogene Pflanze für das Leben im Beet abzuhärten bedeutet, sie ein paar Tage an die Witterung draußen zu gewöhnen, bevor sie ins Beet gepflanzt wird. Stell die Pflanze dafür ein paar Stunden pro Tag raus und hole sie nachts wieder herein.

Anzucht – so wird's gemacht

Anzucht ist das Säen und Vorziehen von Pflanzen in geschlossenen Räumen. Wenn du damit im März oder April beginnst, sollten deine Pflänzchen bereit sein, nach draußen ins Beet zu ziehen, sobald die Gefahr für Nachtfrost vorbei ist.

Anleitung:

1. Füll einen kleinen Topf mit Erde. Nimm am besten Anzuchterde. Wenn du viele Samen der gleichen Sorte verwendest, kannst du auch eine Anzuchtbox verwenden.

2. Stecke die Samen so tief in die Erde, wie die Verpackung der Samen vorgibt. Bedecke sie leicht mit Erde und gieße sie vorsichtig.

3. Stell den Topf mit Untersetzer auf ein Fensterbrett. Bedecke den Topf mit einer Plastikfolie, darunter bleibt die Erde warm und feucht. Stich Löcher in das Plastik, dann kann die Erde atmen und du verhinderst, dass die Samen verrotten. Gieß direkt in den Untersetzer, dann kann das Wasser von unten durch die Erde aufgesaugt werden.

4. Wenn erste Keimblätter auftauchen, entferne vorsichtig die Pflanzen, die zu dicht aneinander wachsen. Dann haben die, die übrigbleiben, genügend Platz, um sich zu entwickeln.

5. Wenn die Pflanze richtige Blätter entwickelt und durch das Loch im Topfboden schon Wurzeln erkennbar sind, ist es Zeit für die Pflanze, in einen größeren Topf umzuziehen. Kipp die Pflanze aus ihrem kleinen Topf und setze sie in einen größeren Topf, dessen Boden bereits mit Erde bedeckt ist. Nach Bedarf mit Erde auffüllen und gießen.

6. Die Pflanze braucht viel und gleichmäßiges Sonnenlicht, um sich gut entwickeln zu können. Drehe den Topf jeden Tag um ein Viertel, dann kriegt die Pflanze gleichmäßig viel Licht und kann gerade wachsen.

7. Regelmäßig gießen. Die Erde soll immer feucht sein, nie triefnass.

8. Wenn die Gefahr von Nachtfrost vorbei ist, kann die Pflanze ins Beet gesetzt werden. Vergiss nicht, die Pflanze zunächst ein paar Tage an das Leben draußen zu gewöhnen.

9. Gieß die Pflanzen, bevor du sie einpflanzt. Grabe Löcher ins Beet und setze die Pflanzen hinein. Füll mit Erde auf und klopf diese fest, damit die Pflanze stabil steht. Anschließend gießen.

Aussaat direkt ins Beet – so wird's gemacht

Du kannst auch direkt im Beet aussäen, wenn die Erde warm und trocken ist. Das ist der Fall, wenn sie nicht am Spaten kleben bleibt.

Anleitung:

1. Bearbeite die Erdoberfläche mit einer Harke.
2. Glätte die Erde und bereite Furchen für die Samen vor.
3. Gieß die Erde vor dem Säen.
4. Setze die Samen in die Erde. Miss die richtige Tiefe aus. Größere Samen werden tiefer in die Erde gesetzt und mit Erde bedeckt. Kleine Samen liegen recht nah an der Erdoberfläche und werden nur mit einer dünnen Schicht Erde bedeckt.
5. Vorsichtig gießen, so dass die Samen nicht weggespült werden.
6. Regelmäßig gießen, damit die Erde immer feucht ist.

Aufsatzrahmen – viel Ernte auf kleiner Fläche

In einem Aufsatzrahmen kannst du dichter säen und pflanzen, als die Anweisung auf dem Samentütchen empfiehlt. Denn hier sorgt tiefe, warme und lose Erde für optimale Wachstumsbedingungen.

Miss Flächen von der Größe aus, die deine ausgewachsenen Pflanzen haben werden. Säe dann innerhalb dieser Flächen. Wenn du zu dicht säst, ist das nicht schlimm, entferne einfach später überschüssige Pflanzen.

Noch bis Mai kann Frost kommen! Die Faustregel ist deshalb, mit dem Auspflanzen bis zu den Eisheiligen zu warten. Der Termin ist jedes Jahr ein bisschen anders, aber immer Mitte Mai. Wenn du schon Samen gesät oder Pflanzen ins Beet gesetzt hast und es noch mal friert, musst du sie in der Nacht mit Pflanzenfolie oder einer Plastikplane zudecken.

BAU DIR DEIN BEET

Dein Beet sollte an einem sonnigen, nicht zu windigen Platz liegen.

HOCHBEET. Eine pfiffige Art, dein Beet anzulegen ist ein Hochbeet aus Aufsatzrahmen für Paletten. Das ist eine Kiste ohne Boden und ohne Deckel, der Rahmen ist die Begrenzung für dein Beet. Wenn du zwei Rahmen übereinander stapelst, hast du Platz für viel Erde und das Beet ist tief genug für fast alle Pflanzen.

RASEN. Wenn du ein Stück Rasen beackern willst, musst du erst die Grasplatte entfernen. Also das Gras mitsamt seiner Wurzeln. Miss vorher die Fläche aus, die du bepflanzen willst und teile sie in gleich große Felder, die der Breite deines Spatens entsprechen. So kannst

Böses Unkraut?
Der Name Unkraut wird für Pflanzen benutzt, die im Beet oft nicht erwünscht sind. Es sind aber keine „schlechten" Pflanzen! Man sagt auch Wildkraut oder Beikraut zu ihnen.

5 Fakten zu Hochbeeten aus Aufsatzrahmen für Paletten

- Ein Standard-Aufsatzrahmen ist 120 cm lang, 80 cm breit und 20 cm hoch, das entspricht etwa der Größe einer halben Badewanne.
- In einem Aufsatzrahmen ist Platz für etwa 200 Liter Erde. Wenn du die Erde in Säcken kaufst, brauchst du fünf Säcke à 40 Liter. Bei zwei übereinandergestapelten Rahmen benötigst du zehn Säcke.
- Aufsatzrahmen gibt es in Bau- und Gartenfachmärkten zu kaufen.
- Aufsatzrahmen für Paletten werden oft von Transportunternehmen verwendet, die damit Dinge transportieren. Vielleicht kannst du sie im Industriegebiet oder an einer Baustelle umsonst bekommen.
- Nur Aufsatzrahmen aus unbehandeltem Holz verwenden. Imprägniertes Holz kann Gifte oder Schadstoffe in die Erde abgeben.

Es ist ideal, ein Hochbeet in einem Aufsatzrahmen anzulegen, denn ...

- es bietet viel Platz für Erde. Eine große Menge Erde hilft, die Feuchtigkeit gut zu speichern. Feuchte Erde = vitale Pflanzen.
- du kommst von allen Seiten gut an deine Pflanzen ran, ohne auf die Erde zu treten.
- durch die leichte Erhöhung wird die Erde im Frühjahr früher warm. Warme Erde = es kann losgehen.
- es ist leicht, Unkraut zu sehen und zu entfernen. Und du musst dich nicht so bücken, um dein Beet zu pflegen und dein Gemüse zu ernten.
- es ist schwieriger für Schnecken, in dein Beet zu gelangen. Und wenn sie doch dorthin gefunden haben, kannst auch du sie hier leicht entdecken.

du ganz einfach Quadrat für Quadrat dein Beet ausstechen. Leg die Grasnarbe beiseite. Breite eine Schicht nasse Tageszeitungen in deinem Beet aus, das hindert Unkraut daran, von unten hinein zu wachsen. Leg die Grasnarbe mit der Grasseite nach unten zurück ins Beet, wo sie sich zersetzt und zu Erde wird. Verteil darüber zerkleinerte Zweige und Laub und füll das ganze mit einer Mischung aus Erde, Kompost und Dünger auf.

BALKON. Du kannst auch auf dem Balkon Gemüse anpflanzen. Dazu brauchst du große Pflanzbehälter und Töpfe und Wasserzugang. Der Balkon sollte sonnig gelegen sein.

UNGEEIGNETER BODEN. Es gibt Orte, an denen du nicht direkt in den Boden pflanzen kannst. Zum Beispiel dort, wo einmal eine Fabrik stand und die Erde mit Giften belastet ist. Du kannst auch nicht auf festem Untergrund wie Asphalt oder Beton arbeiten. Da musst du ein ganz neues Beet mit jeder Menge frischer Erde anlegen.
Eine Palette ist eine praktische Grundlage für die Aufsatzrahmen. Bespanne die Palette mit einer Unterlegplane, damit die Erde bleibt, wo sie ist, und gleichzeitig überschüssiges Wasser ablaufen kann. Dann setzt du die Aufsatzrahmen auf die Palette und füllst die entstandene Kiste mit Erde. Ta-da! Fertig ist das Hochbeet.

Luftige und lockere Erde speichert gut Feuchtigkeit. Das sind für Pflanzen ideale Wachstumsbedingungen.

So wenig wie möglich auf das Beet treten!
Wenn du auf die Erde trittst, wird sie zusammengedrückt. Das erschwert den Pflanzenwurzeln und Würmern das Atmen.

Erde besorgen – so wird's gemacht

Wenn du in einem Haus mit eigenem Garten wohnst, hast du wahrscheinlich Erde für dein Beet zur Verfügung. Entferne die Wurzeln aus der Erde, die du für dein Beet verwenden willst. Dann reichere sie noch mit Hühnerdung, Pferde- oder Kuhmist sowie Komposterde an, das gibt der Erde Nährstoffe und macht sie locker.

Wenn du neue Erde besorgen musst, ist es am einfachsten, im Garten- oder Baumarkt ein paar Säcke zu kaufen. Entscheide dich am besten für Bio-Erde. Besorge auch Kuhmist und Rindenmulch. Mische einen Teil Erde mit einem Teil Kuhmist und einem Teil Rindenmulch, dann erhältst du Pflanzerde mit einer guten Struktur.

*Mehr zu **Dünger** und **Kompost** auf den Seiten 63–65.*

ABWECHSLUNG HÄLT DEN ACKER JUNG

Wenn du jedes Jahr dieselben Pflanzen an derselben Stelle anbaust, zeigt die Erde Ermüdungserscheinungen und das Wachstum lässt zu wünschen übrig. Aber wenn die Pflanzen ihren Platz jedes Jahr wechseln, bleibt der Boden lebendig. Das nennt sich Felderwirtschaft. Pflanzen, die gut zusammen wachsen, können als Gruppe im Beet rotieren. Alle vier Jahre kehrt die Gruppe dann wieder an ihren ursprünglichen Platz zurück.

Die Vorteile von Felderwirtschaft

1. Verschiedene Pflanzen haben verschiedene Schädlinge, die oft von den Resten ihrer Lieblingspflanze im Boden überleben. Wenn die Pflanze umzieht, hat der Schädling keine Nahrung mehr.

Die hilfsbereiten Arbeitskollegen der Erde
Würmer und Insekten bearbeiten und bereichern die Erde. Sie ernähren sich von Pflanzen und scheiden sie als Mull wieder aus. Würmer graben außerdem Gänge in die Erde, durch die Wasser und Sauerstoff strömen können.

Felderwirtschaft!
Bei Beeten mit Aufsatzrahmen kannst du die Pflanzen einfach rotieren lassen. Hier wechseln die Pflanzen jedes Jahr gegen den Uhrzeigersinn ihren Platz. So kommen sie gleich in Erde, die gut für sie vorbereitet ist. Du musst nur im Frühling düngen. Tomaten, Rhabarber und Erdbeeren können ihre Standorte behalten, aber gib der Tomate jedes Jahre frische Erde und versorge Rhabarber und Erdbeeren mit Komposterde und Dünger.

2. Felderwirtschaft hilft den Pflanzen, Nahrung zu finden und verhindert Krankheiten. Einige Pflanzen, zum Beispiel Erbsen und Bohnen, verwandeln Stickstoff aus der Luft in Sauerstoff, den sie in der Erde zurücklassen. Auch ihre Wurzeln und Fasern, die zurückbleiben, werden im Boden zu Nährstoffen.

3. Pflanzen bearbeiten den Boden auf unterschiedliche Weise. Einige haben Wurzeln, die tief wachsen und Gänge für Sauerstoff, Wasser und Würmer hinterlassen. Andere haben viele Blätter und Stiele, die im Beet zu Mull werden. Wenn die Pflanzen ihren Platz wechseln, kriegen alle Beete lockere Erde mit guter Struktur.

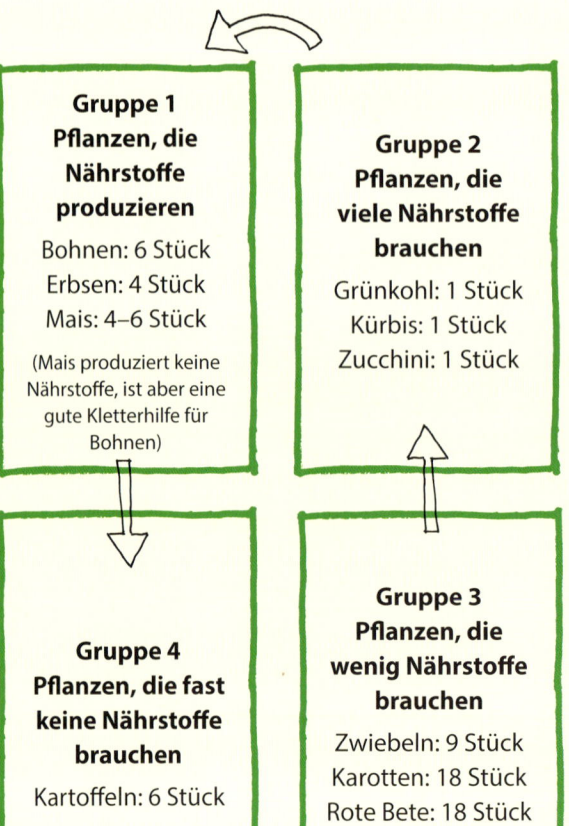

Gruppe 1
Pflanzen, die Nährstoffe produzieren

Bohnen: 6 Stück
Erbsen: 4 Stück
Mais: 4–6 Stück

(Mais produziert keine Nährstoffe, ist aber eine gute Kletterhilfe für Bohnen)

Gruppe 2
Pflanzen, die viele Nährstoffe brauchen

Grünkohl: 1 Stück
Kürbis: 1 Stück
Zucchini: 1 Stück

Gruppe 4
Pflanzen, die fast keine Nährstoffe brauchen

Kartoffeln: 6 Stück

Gruppe 3
Pflanzen, die wenig Nährstoffe brauchen

Zwiebeln: 9 Stück
Karotten: 18 Stück
Rote Bete: 18 Stück
Salat: 5 Stück

Eimer 1
Tomatenpflanze:
1 Stück

Eimer 2
Rhabarber:
1 Stück

Erdbeerfeld

Erdbeerpflanzen:
6 Stück

DÜNGER BRINGT NÄHRSTOFFE

Pflanzen brauchen Nährstoffe, um zu wachsen und gedeihen. Wichtige Nährstoffe stecken in Dünger, wie beispielsweise Pferde- oder Kuhmist, in Urin, frischgeschnittenem Gras und Komposterde.

Verschiedene Arten von Dünger

Stallmist sind die Ausscheidungen von Kühen, Pferden, Schweinen und anderen Tieren, die im Stall leben. Er führt den Pflanzen Nährstoffe zu und liefert gleichzeitig der Erde Material, das in Mull verwandelt wird. Wenn du frischen Stallmist vom Bauernhof oder von einem Pferdestall bekommst, musst du ihn erst ein Jahr liegen lassen, da er zu intensiv für die Pflanzen ist. Du kannst im Gartenfachhandel oder im Baumarkt auch fertigen Dünger kaufen, der bereits gelagert ist und sofort benutzt werden kann.

Hühnermist sind Ausscheidungen von Hühnern. Misch ein paar Hände voll Hühnermist mit einem Eimer Wasser. Lass es ein paar Tage stehen. Verdünne die Mischung dann, bis sie aussieht wie Tee. Gieß damit deine Pflanzen, das gibt ihnen einen wahren Nährstoffkick.

Rasenschnitt ist nährstoffreich, hält den Boden feucht und ist eine Leckerei für Würmer und die Erde selbst. Leg eine 10 cm dicke Schicht frisch geschnittenen Rasen auf dein Beet. Wiederhole das ein paar Mal pro Sommer. Aber leg das Gras nicht unmittelbar um den Stiel der Pflanze, sonst läuft sie Gefahr zu ersticken.

Goldwasser = mit Wasser verdünnter Urin. In ein Töpfchen pinkeln und in einer Gießkanne einen Teil Urin mit zehn Teilen Wasser mischen. Beriesel damit bis einen Monat vor der Ernte die Erde um deine Pflanzen.

Brennnesselwasser = Pflanzennahrung aus Brennnesseln. Pflück Brennnesseln und leg sie in einen Eimer. Benutz dabei Handschuhe. Füll den Eimer mit Wasser auf und lass die Mischung abgedeckt eine Woche lang stehen. Siebe die Brennnesselblätter heraus und misch in einer Gießkanne einen Teil der Flüssigkeit mit zehn Teilen Wasser. Beriesel damit bis Mitte Juli mehrmals dein Beet.

Mulchen – eine einfache Art des Anbaus

Willst du so wenig Arbeit wie möglich mit deinem Beet haben? Dann solltest du Mulchen. Dazu legst du alte Pflanzenreste, Komposterde und frischgeschnittenes Gras direkt auf dein Beet. Das ist, als würdest du unmittelbar im Beet kompostieren, denn Würmer, Insekten und mikroskopisch kleine Lebewesen haben gut zu tun, diese Haufen in Mull umzuwandeln. Die Decke aus organischem Material hält die Feuchtigkeit gut in der Erde und hindert Unkraut daran, Wurzeln zu schlagen und zu wachsen.

Der Kompost – bester Freund des Gärtners

Kompost ist eine Mischung von Pflanzenresten aus Küche und Garten, die von Würmern, Insekten und Mikroorganismen zersetzt worden sind. Er verbessert die Erde und fügt ihr Nährstoffe hinzu. Du kannst deinen eigenen Kompost im Garten anlegen:

1. Wähl einen schattigen Platz im Garten aus. Der Komposthaufen muss direkt auf dem Boden liegen, damit Würmer und Insekten hineingelangen können. Du kannst den Komposthaufen mit zwei übereinandergestapelten Aufsatzrahmen für Paletten begrenzen oder einfach als Haufen liegenlassen.
2. Vermisch trockene und frische Pflanzenbestandteile und -fasern. Aus der Küche: Kartoffelschalen, frische Obst- und Gemüsereste, Eierschalen, Kaffeesatz und Teebeutel. Aus dem Garten: Blätter und Pflanzenreste, Rasenschnitt und Unkraut. Vermenge sie mit Laub, Stroh und Ästen. Wenn du ein Kaninchen oder

einen Hamster hast, bist du gut dran: Was beim Saubermachen des Käfigs übrigbleibt, ist auf dem Kompost perfekt aufgehoben!

3. Alles, was auf den Kompost kommt, sollte ungefähr die gleiche Größe haben und gleichmäßig, in nicht zu dicken Schichten, auf dem Kompost verteilt werden. Wenn der Kompost warm wird, ist das ein Zeichen dafür, dass Würmer, Insekten und Mikroorganismen im Inneren des Haufens ordentlich arbeiten.

4. Sollte der Kompost zu trocken werden, kannst du ihn ein wenig gießen. Wenn er aber zu nass ist und stinkt, solltest du trockenes Material darauf geben. Manchmal musst du den Kompost mit einer Mistgabel etwas wenden.

5. Wenn der Kompost dunkelbraun ist und wie Erde riecht, ist er fertig. Das dauert ungefähr ein Jahr.

Nie auf den Kompost!
Essensreste und Reste von Fisch oder Fleisch dürfen nicht auf den Kompost! Der Geruch zieht Ratten an.

BLUMEN, BIENEN UND ANDERE HELDEN

Es gibt Pflanzen und Tiere, die wie Superhelden in deinem Beet sind. Einige Pflanzen locken wie Fallen Schädlinge an. Dann kann das Gemüse in Ruhe wachsen. Andere Pflanzen geben Duftstoffe ab, die entweder ungewünschtes Ungeziefer vertreiben oder Insekten anlocken, die von Nutzen sind. Einige Pflanzen beschützen sich so gegenseitig. Zu den Superhelden im Insektenreich gehören fleißige Bestäuber und solche, die Schädlinge im Beet verspeisen.

Blumen – Schönheiten, die dein Beet beschützen

Brunnenkresse:
- Lockt Larven des Kohlweißlings an, der besonders gern Kohl mag. Wenn die Larven an der Brunnenkresse knabbern, kann der Kohl ungestört wachsen.
- Vertreibt Blattläuse. Blattläuse lassen sich nicht in Beeten nieder, wo Brunnenkresse wächst.
- Zieht mit ihrer Farbe hilfreiche Bienen und Schmetterlinge an.

Brunnenkresse, Tagetes und Ringelblumen kann man essen! Blumen im Salat = hübsch und lecker!

Tagetes:
- Sendet einen Duftstoff aus, der Kohlweißlinge und andere Insekten abschreckt.
- Der Duft ihrer Wurzel hält schädliche Würmer fern.
- Lockt mit ihrer Farbe Hummeln, Bienen und Schmetterlinge an, die für die Bestäubung wichtig sind.

Ringelblume:
- Lockt nützliche Insekten an, die Schädlinge fressen.
- Lockt mit ihrem Duft und ihrer Farbe Insekten an, die bei der Bestäubung helfen.
- Hat einen Duft, der schädliche Insekten fernhält.

Wichtige Tiere

Hummeln und Bienen saugen den Nektar aus den Blüten. Wenn sie von Blume zu Blume fliegen, nehmen sie Blütenstaub mit und helfen damit bei der Bestäubung. Hummeln und Bienen finden am besten zu blauen und gelben Blüten, deshalb ist es gut, Borretsch, Tagetes, Ringelblumen und Brunnenkresse in seinem Beet anzupflanzen. Hummeln und Bienen mögen auch den Nektar von Kräutern wie Minze, Thymian und Rosmarin.

Auch **Schmetterlinge** sind bei der Bestäubung behilflich. Sie werden von duftenden Pflanzen wie Flieder, Traubenkirsche, Duftwicken und Kornblumen angezogen. Der Schmetterlingsflieder verdankt seinen Namen seiner großen Popularität bei den Schmetterlingen.

Vögel fressen Schnecken, Larven, Insekten und Ungeziefer, die deinen Pflanzen schaden können. Wenn du ein Vogelbad oder ein Vogelhäuschen in deinem Garten aufstellst, ziehen die Helfer vielleicht bald in unmittelbarer Nähe deines Beets ein. Leider haben sie auch eine Vorliebe für Beeren, aber dafür halten sie sich beim Gemüse zurück.

Frösche fressen Larven, Insekten und Schnecken.

Marienkäfer haben eine Vorliebe für Blattläuse.

Die Larven der **Schwebfliege** ernähren sich von Blattläusen.

Lieblingsnachbarn im Beet

Gewisse Pflanzen verstehen sich besonders gut. Sie helfen einander, Schädlinge zu vertreiben und zu gedeihen. Dies sind einige Beispiele:

Zwiebeln kann die Möhrenfliege nicht riechen. Pflanze Zwiebeln und Karotten nebeneinander.

Mais kriegt zusätzliche Nährstoffe von der Bohne. Die wiederum kann am Mais emporklettern.

Rote Bete wachsen gut in der Nähe von Zwiebeln und Salat.

Salat mag es, in der Nähe vom Rhabarber platziert zu werden.

Tomaten wachsen gerne neben Brunnenkresse und Karotten.

UNGEBETENE GÄSTE

Manchmal kriegst du im Beet ungebetenen Besuch von Unkraut, Blattkrankheiten oder Schädlingen.

Unkraut

Unkraut nimmt den Pflanzen Platz und Nahrung. Beginn gleich im Frühjahr, das Unkraut zu jäten und bleibe den ganzen Sommer über dran. Wenn du gerade ausgesät hast, kann es schwer sein, die jungen Pflanzen von Unkraut zu unterscheiden. Dann warte mit dem Jäten, bis du deine Pflanzen erkennen kannst, sonst rupfst du noch die falschen raus.

Krankheiten

Auch Pflanzen können krank werden. Entferne deine Pflanzen, wenn sie eines der folgenden Merkmale aufweisen:
- Missgebildete Wurzeln.
- Kaum Wachstum.
- Verwelkte Blätter.
- Eine mehlartige Schicht.
- Goldbraune oder fleckige Blätter.
- Früchte oder Gemüse, die am Stamm verrotten.

Schädlinge

Kleine Schädlinge:
Läuse und Erdflöhe, Maulwurfsgrillen, Fliegen, Raupen und Würmer, Kohlweißlinge, einige Ameisen und Schnecken.

Das richten sie an:
Läuse und Erdflöhe fressen Löcher in die Blätter und saugen den Saft aus ihnen heraus, so dass die Pflanze austrocknet. Larven und Maulwurfsgrillen knabbern Wurzeln und Blätter weg. Ameisen klauen frischgesäte Samen und schwächen die Wurzeln von Pflanzen. Schnecken fressen alles auf, was ihnen in die Quere kommt.

Hartnäckiges Unkraut!
Giersch, Löwenzahn und Disteln haben lange Wurzeln. Locker die Erde um die Wurzel herum mit einer Schaufel oder einem Unkrautstecher auf, so kannst du die Pflanze mitsamt Wurzel entfernen.

Achtung!
Kranke Pflanzen gehören nicht auf den Kompost, sondern in die Mülltonne.

Seifenwasser = gut gegen Blattläuse
Mische 50 ml Kernseife mit einem Liter Wasser. Gib die Mixtur in eine Blumenspritze und sprühe die Blattläuse damit ein. Wiederhole diesen Vorgang mehrmals.

So wirst du sie los:

- Pflück die Schädlinge von den Pflanzen und zerdrück sie. Entferne ihre Eier. Sprühe sie mit Seifenwasser ein, dann ersticken sie.
- Ein Teil der Insekten fliegt umher. Versuch sie mit eiskaltem Wasser aus dem Gartenschlauch wegzuspritzen.
- Ameisen verschwinden, wenn du etwas Zimt am Eingang ihres Baus verstreust.
- Schnecken musst du einsammeln. Schneide sie entzwei, lege sie in eine Plastiktüte und wirf sie in die Mülltonne.
- Brunnenkresse, Ringelblume und Tagetes halten Ungeziefer fern.

Große Schädlinge:

Rehe, Hasen und Kaninchen, Wühlmäuse, Maulwürfe und Vögel.

Das richten sie an:

Futtern dir die Samen, Zwiebeln, Wurzeln, Jungpflanzen, Blätter, Früchte und Beeren weg.

Und so wirst du sie los:

Die größeren Tiere können mit Zäunen vom Beet ferngehalten werden. Früchte und Beeren können mit Netzen geschützt werden.